# JAKOB VETSCH

## Die Hütte Gottes bei den Menschen

JAKOB VETSCH

# Die Hütte Gottes bei den Menschen

## Predigten, Vorträge, Artikel

Fromm Verlag

**Imprint**

Any brand names and product names mentioned in this book are subject to trademark, brand or patent protection and are trademarks or registered trademarks of their respective holders. The use of brand names, product names, common names, trade names, product descriptions etc. even without a particular marking in this work is in no way to be construed to mean that such names may be regarded as unrestricted in respect of trademark and brand protection legislation and could thus be used by anyone.

Cover image: Vom Autor bereitgestellt

Publisher:
Fromm Verlag
is a trademark of
Dodo Books Indian Ocean Ltd. and OmniScriptum S.R.L publishing group

120 High Road, East Finchley, London, N2 9ED, United Kingdom
Str. Armeneasca 28/1, office 1, Chisinau MD-2012, Republic of Moldova, Europe
Printed at: see last page
**ISBN: 978-613-8-37948-5**

Jakob Vetsch

# Die Hütte Gottes bei den Menschen

Predigten, Vorträge, Artikel

Fromm Verlag

# Inhalt

---

Cover Bild „Die Abendstunde" © Stana Vetsch, 7. Oktober 2024.

Porträtaufnahme © Călin Păunescu, 15. November 2021.

Geleitwort: Jens Liedtke-Siems, Pfarrer in Matzingen TG,

15. Oktober 2024.

*Zum Geleit*

In der Kirche geht es, um ein Wort von Ernst Lange aufzunehmen, um die Kommunikation des Evangeliums. Die frohe Botschaft will unter uns Menschen wohnen, zirkulieren, Herzen berühren. Das geschieht mit und ohne Worte. Der Autor des vorliegenden Buches, Pfarrer Dr. Jakob Vetsch, hat mich in dieser Hinsicht schon mehrfach beeindruckt. Es steht für mich außer Zweifel, dass er sich in den über vier Jahrzehnten seiner pastoralen Tätigkeit um die Kommunikation des Evangeliums sehr verdient gemacht hat. In seinen Predigten erlebe ich ihn als jemanden, der oftmals die Zuhörenden auf eine Gedankenreise mitnimmt und dabei immer wieder spannende Geschichten erzählt. Humor und ein Augenzwinkern dürfen dann auch nicht fehlen. Eindrücklich ist mir im Gedächtnis geblieben, dass Jakob Vetsch aber auch vor, während und nach dem Gottesdienst oder Vortrag die Zuwendung Gottes zu uns Menschen ausstrahlt. Die Kommunikation des Evangeliums passiert dann nicht nur in der Auslegung der Bibel, sondern auch in der zwischenmenschlichen Begegnung. Gemäß dem Ausspruch von Martin Buber „Alles wahre Leben ist Begegnung" behält er seine Zuhörenden im Blick, ist ihnen freundlich zugewandt. Kommunikation des Evangeliums in Worten und Gesten.

Gott erlebe ich in den Geschichten der Bibel auch immer wieder auf dem Weg zu uns Menschen, im Kontakt mit uns, in der Kommunikation.
Dazu hat sich der Schöpfer verschiedener Instrumente bedient. Zu Zeiten des Alten Testaments war es zum Beispiel die Stiftshütte. Diese Hütte, als ein Ort der Begegnung, diente der Kommunikation des Wortes Gottes.

So darf der Titel des neuen Buches von Jakob Vetsch „Die Hütte Gottes bei den Menschen" uns neugierig machen, welche Einsichten der Autor uns über das Wirken Gottes in unserer Welt, in unserem Leben, weitergeben will.

Ich wünsche dem Werk viele interessierte Leserinnen und Leser!

Jens Liedtke-Siems
Pfarrer in Matzingen TG
15. Oktober 2024

# Von Gott will ich nicht lassen

Römerbrief 12,12 nach der Lutherbibel von 2017 (ähnlich übersetzt die Zürcher Bibel von 1955):
„Seid fröhlich in Hoffnung,
geduldig in Trübsal,
beharrlich im Gebet."
Römerbrief 12,12 nach der „dynamischen" Übersetzung im Buch DBU 2022 von Roland Werner:
„Lasst euch durch die Hoffnung zur Freude motivieren,
und wenn ihr in Bedrängnis geratet, dann haltet aus!
Lasst euren Alltag vom Gebet geprägt sein!"

Vor einem Fest-Gottesdienst rannte die Kirchenpflege-Präsidentin ins Pfarr-Zimmer der Kirche und rief dem Diensthabenden aufmunternd-fragend zu: „Na, alles im Griff?!" – Ihr verdutztes Gesicht sehe ich heute noch, als sie zur Antwort erhielt: „Nein, wir haben *nichts* im Griff." – Und dann die Erleichterung, als die Erklärung nachgeschoben wurde: „Wir sind froh, wenn Er uns im Griff hat!" mit dem Zeigefinger nach oben. – „Ach so meinen Sie das!" Also nicht so ernst gemeint. Kein Notfall. Es wird schon gut laufen. Es ist vorgesorgt.
Dabei hat sich hinter dem Schalk etwas Ernstgemeintes versteckt: Das Gelingen eines Festes lässt sich nicht komplett organisieren. Es ist da immer noch etwas, das nicht von Fleiß und Kompetenz abhängt – und vielleicht Gunst oder Gnade genannt werden kann, wenn man es erhält.
Ist das nicht auch ein Bild für das Leben? Und ist es nicht so, dass wir natürlich gar nicht immer dran denken, dass *nichts* selbstverständlich ist?
Da sind wir in voller Fahrt. Haben das Leben gut aufgebaut und eingerichtet. Können es genießen. Sind gut drauf. – Und plötzlich, mit einem Mal, kommt eine Nachricht, die wir nicht verstehen; sind da Entwicklungen, die wir nie gedacht hätten; nimmt jemand Abschied, die oder den wir in unser Herz und in unser Leben eingeschlossen hatten.

Wie schnell sind wir da destabilisiert und scheinen unser Leben wirklich nicht mehr im Griff zu haben. – Und dann? Wie finden wir wieder Halt? Woher nehmen wir die Kraft? Welchen Sinn hat unser künftiges Leben? Gibt es Ziele, die wir uns setzen können? Was um Himmels-Willen können wir tun?

Ja, um „Himmels-Willen", genau! An einem solchen (vermeintlichen) Tief-Punkt angekommen, mitten in der fragenden Ratlosigkeit, steigt es in meinem Sinn empor: Es gibt doch die Wortfolge: „Von Gott will ich nicht lassen". Genau. Es ist ein Lied, die Melodie beginnt in mir zu singen. Und wie geht es weiter? Sehr erstaunlich spricht es in dieser Situation so hell und gewichtig zu mir: „Denn Er lässt nicht von mir." Gewaltig! Der Größte, der Unendliche, der in Jesus Erschienene, lässt also nicht von mir. Er kennt mich. Und es liegt Ihm an mir. Unglaublich, aber wahr. Dies ist mir zugesprochen, und es wirkt in mir. Es gibt mir viel Kraft – und neue Perspektiven.
Ja, und das Lied geht weiter: „… führt mich durch alle Straßen, da ich sonst irrte sehr." Den Weg für mich weiß Er also auch noch. Und Er führt mit unsichtbarer Hand. Und ich kann mit einem weiteren Lied antworten: „So nimm denn meine Hände und führe mich."

Was ist jetzt passiert? – Ich bin nicht mehr allein. Und ich bin nicht in Gesellschaft von irgendwem. Ich bin in Gesellschaft mit Dem, der die Welt trägt! Er interessiert sich für mich. Er lässt nicht von mir. Er führt mich. Behutsam. Manchmal stürmisch, sodass ich meine, ich krieg's nicht hin, ich schaffe es nicht, ich hab's ja nicht im Griff – und bin echt froh, dass Er mich im Griff hat, eben doch!

Das Lied geht weiter: „Er reicht mir Seine Hand; den Abend und den Morgen tut Er mich wohl versorgen, wo ich auch sei im Land." Beachten wir die zeitliche Reihenfolge, genau wie bei den ersten Sätzen der Bibel: „Und es ward Abend und ward Morgen, ein erster Tag" und so weiter. Eigentlich beginnen wir den Tag in der Nacht, mit dem Schlaf, in welchem Gott auch über uns wacht und an uns arbeitet. Er ist bei uns. Und manchmal hat Er ganz viel mit uns zu tun! Er ist geduldig, wie es das Lied weiter zu erzählen weiß.

Er wirkt mit Seiner Macht und Gnad (Strophe 2). Auf Ihn dürfen wir vertrauen. Er wendet das Leid (Strophe 3).

So können denn die Strophen 4 bis 6 zum ungetrübten Gotteslob aufrufen, und wir dürfen mit hellen Stimmen einstimmen in das Lied, das sich zum Loblied entwickelt hat! Nicht von ungefähr ist in der letzten Strophe plötzlich auch die dritte Person Gottes mit von der Partie, der Heilige Geist, der stets im Fluss zum Guten hin unterwegs ist: „Auch Gott der Heilig Geist im Glauben uns regieret, zum Reich der Himmel führet. Ihm sei Lob, Ehr und Preis!"

Wie denn, lernen wir nur durch große Impulse? Ja, sogar die Neurobiologie gibt uns zu verstehen, dass der Mensch vor allem lernt durch Staunen, Begeisterung[1], Beeindruckung. Bereits der Reformator Philipp Melanchthon (1497-1560) sah dies im im weiten Zusammenhang des Glaubens, wenn er bemerkte: „Es kann kein Zweifel bestehen, dass der Lebensform des Lehrens und Lernens das größte Wohlgefallen Gottes gilt."[2]

Ein Weg. Nicht allein. Durch Schweres, manchmal auch Unbegreifliches hindurch. Zum Licht. Zum Lob. Eingebunden in Den, der die Welt trägt, geleitet von Seinem Geist. So groß!

---

1 Im Wort Begeisterung steckt das Wort Geist. Es bedeutet geisterfüllt, belebt. Quelle: Duden. Das Herkunftswörterbuch. Etymologie der deutschen Sprache. 4. Auflage. Band 7. Dudenverlag Mannheim, Leipzig, Wien, Zürich 2007. Seite 262.
2 Philipp Melanchthon: De laude vitae scholasticae oratio (1536).

Ich konnte es mir nicht verkneifen, nachzuschauen, wer solche Weisheit und solchen Glauben aus welcher tiefen Lebenserfahrung heraus gedichtet hatte: Es war im Jahre 1563 Ludwig Helmbold, zur Zeit der Gegenreformation mit ihren schrecklichen Auseinandersetzungen, in denen man wohl auch die Welt nicht mehr begriffen hat – wie heutzutage ja auch, und zwar die große Welt und die kleine Welt bei uns. Daher der Glaube, daher der Weg. Nicht einfach so; nicht mit der Sonnenbrille an schönen Strand auf dem Klappstuhl daher gedichtet. Nein, aus bitterer Erfahrung – und heller Erlösung! Einfach wahr.

Das spüren wir auch, wenn wir die zwei anderen Lieder desselben Dichters anschauen, welche Eingang in unser Kirchengesangbuch gefunden haben: „Nun lasst uns Gott, dem Herren, Dank sagen und Ihn ehren"[3], ein herrliches Dank- und Loblied mit der Bitte um weitere Behütung im Leben. Sowie das Lied „Amen"[4], das ins Ende des Lebens hinein kräftigt und schützt: „Gott sei gepreiset, der Geist auf Christum weiset: Er helf uns alln zusammen ins ewige Leben. Amen."
Voller Lebenserfahrung, die wir dann und wann auch teilen. Voller Glaube, dem wir uns von Herzen anschließen. In der Gegenwart des Allmächtigen und in der Gemeinschaft der christlichen Gemeinde, der Kirche, der Herbeigerufenen, wie wir es heute sind, und wie wir es im Gesang spüren.

Jahrhunderte noch vor Ludwig Helmbold war es Franz von Assisi, der den herrlichen Sonnengesang auch nicht aus einer sonnigen Laune heraus gedichtet hatte, sondern nach der leidvollen Erfahrung einer schrecklichen Augenentzündung, begleitet von Gefühlen der Verworfen- und der Verlassenheit:

«Höchster allmächtiger guter Herr
Dir sei das Lied die Herrlichkeit die Ehre und aller Segen
Dir allein Höchster kommen sie zu
Kein Mensch ist würdig dich zu nennen

---

3 Gesangbuch der Evangelisch-reformierten Kirchen der deutschsprachigen Schweiz 1998: Lied 631.
4 Gesangbuch der Evangelisch-reformierten Kirchen der deutschsprachigen Schweiz 1998: Lied 748.

Lob sei dir mein Herr mit deiner ganzen Schöpfung
vor allem mit dem Herrn Bruder Sonne
Er bringt uns den Tag und spendet uns Licht
Schön ist er und strahlend mit großem Glanz
Von dir Höchster ein Zeichen

Lob sei dir mein Herr durch Schwester Mond und die Sterne
Am Himmel formtest du sie glänzend kostbar und schön

Lob sei dir mein Herr durch Bruder Wind
durch Luft und Wolken
durch heiteres und jedes Wetter
Durch sie gibst du deiner Schöpfung Leben

Lob sei dir mein Herr durch Schwester Wasser
Sehr nützlich ist sie demütig kostbar und rein

Lob sei dir mein Herr durch Bruder Feuer
Durch ihn ist die Nacht erhellt
Schön ist er fröhlich kraftvoll und stark

Lob sei dir mein Herr durch unsere Schwester Mutter Erde
Sie belebt und lenkt uns
Sie erzeugt viel Früchte farbige Blumen und Gräser

Lob sei dir mein Herr durch jene die um deiner Liebe willen
vergeben
und Schwachheit und Not ertragen
Selig die ausharren in Frieden
Du Höchster wirst sie krönen

Lob sei dir mein Herr durch unsere Schwester den leiblichen Tod
Kein lebendiger Mensch kann ihr entrinnen
Weh denen die in tödlicher Schuld sterben
Selig die sie findet in deinem heiligsten Willen
Der zweite Tod tut ihnen nichts Böses

Lobt und segnet meinen Herrn
Dankt und dient ihm in großer Demut»

# Wenn Gott uns mehr gegeben hätte

Jesaja 30,15:
"So spricht Gott, der Herr: In Umkehr und Ruhe liegt euer Heil; in Stillehalten und Vertrauen besteht eure Stärke."

Jesaja 43,18-19:
"Gedenket nicht mehr der früheren Dinge, und des Vergangenen achtet nicht. Siehe, nun schaffe ich Neues; schon sprosst es, gewahrt ihr es nicht? Ja, ich lege durch die Wüste einen Weg und Ströme durch die Einöde."

Es geschah im Sommer des Jahres 1995, dass der erste populäre Internet-Browser Netscape 1 erstanden werden konnte; und die Allgemeinheit begann damit, sich des weltweiten elektronischen Netzes zu bemächtigen. Von Religion war da noch kaum etwas zu entdecken im weltweiten Netz.

Und dann, siehe da, der erste christliche Text, der dort aufgefunden werden konnte, und der – nach anfänglichem Schrecken – im Nu mein Herz und meinen Geist eroberte! Die Worte nahmen sich recht eigenartig aus, und sie lauteten, aus der englischen Sprache übersetzt, folgendermaßen:

"Wer weiß? Wenn Gott uns größeres Talent, bessere Gesundheit und mehr persönliche Ausstrahlung gegeben hätte, dann hätten wir vielleicht unsere Seelen verloren! Großes Talent und Wissen haben viele aufgeplustert mit der Überzeugung ihrer eigenen Wichtigkeit; und in ihrer Überheblichkeit haben sie andere verachtet. Wie leicht geraten Menschen mit solchen Begabungen in die ernsthafte Gefahr ihres Seelenheils! Wie viele Leute von leiblicher Schönheit und mit robuster Gesundheit haben sich kopfüber in ein ausschweifendes Leben gestürzt! Wie viele gibt es andrerseits, die durch ihre Armut, Gebrechlichkeit oder körperliche Missbildung ihre Seelen gerettet haben und die – wenn ihnen Gesundheit, Vermögen oder körperliche Attraktivität zu eigen gewesen wären – ihre Seelen verloren hätten. Lasst uns also zufrieden sein mit dem, was Gott uns gegeben hat. Nur eines ist nötig – und das ist nicht

Schönheit, nicht Gesundheit, nicht Talent.

Das ist die Rettung der Unsterblichkeit unserer Seelen."

Mit Verwunderung – und dann auch mit Bewunderung – las ich diese Zeilen mehrmals, übersetzte sie und führte sie mir auch in unserer Sprache zu Gemüte.

Der Schrecken: Hier wird alles natürlicherweise Erstrebenswerte als eine mögliche Gefahr für das Wichtigste, nämlich für unser Seelenheil, geschildert; ausgerechnet die Dinge, die wir uns wünschen – auch gegenseitig wünschen – können zu Stolpersteinen im Leben werden: "Gesundheit, Vermögen, körperliche Attraktivität". Zweifellos mangelt es einer solchen Botschaft an Popularität; stelle man sich vor, wir verkünden das den jungen Leuten! – Nichtsdestotrotz vermögen diese Gedankengänge recht tiefgründig direkt zum Lebenssinn führen, ohne den wir auf die Dauer eben auch nicht auskommen. Deshalb die Bewunderung, die Anziehungskraft dieses Textes, weil er – ins eigene Leben transportiert – enorm sinnstiftend wirken kann.

Es ist ja nicht so, dass uns "Gesundheit, Vermögen, körperliche Attraktivität" verboten wären; nein, es ist nur so, dass wir in Gefahr geraten, wenn wir alles haben, was wir uns an Weltlichem wünschen. Im Prättigau gibt es dafür eine ganz bestimmte Redensart, die da heißt: "Wänn's em Esel z'wohl würd, gait er uf's lisch." (Wenn es dem Esel zu wohl wird, begibt er sich auf das Eis.) Zugespitzt hat diesen Gedanken der französische Fliegerdichter Antoine de Saint-Exupéry (1900-1944) in seinem Gebet "Die Kunst der kleinen Schritte" mit der prägnanten Bitte an den Herrn: "Gib mir nicht, was ich mir wünsche, sondern was ich brauche." Da wird alles so essenziell, bedeutsam, ja lebenswichtig.

Von wem jedoch stammt der im Jahre 1995 im World Wide Web aufgefundene Text "Wer weiß …"? Da entdecken wir auch eine Story: Der Autor ist Alfonso Maria de' Liguori (1696-1787), ein italienischer Jurist, Bischof und Ordensgründer der Redemptoristen.[5] Mit seiner jeglichem Macht- und Prestigegehabe

---

5 St. Alphonsus: Uniformity with God's Will, 5.3, written in 1755. – Alfonso Maria de' Liguori: Der Wille Gottes. Von der Vereinigung unseres Willens mit dem Willen Gottes, verfasst im Jahr 1755.

widersprechenden Verkündigung war er zu Lebzeiten bei seiner Kirche unbeliebt und wurde angefeindet. Dabei hätte er ein anderes Leben haben können, galt er doch als ein gefragter Rechtsanwalt, der aber eine strikte Lebensveränderung durchgezogen und sich vollständig dem Herrn geweiht hatte. Einer also, der nicht leichtfertig, sondern aus großer Lebens- und Glaubenserfahrung heraus gesprochen hat.

Wir mögen das bedenken. Und wir haben den Satz vor Augen, den Jesus zu Martha gesprochen hatte: "Weniges aber ist not." Dies, nachdem er sie mit den Worten in den Senkel gestellt hatte: "Du machst dir Sorge und Unruhe um viele Dinge." (Lukas 10,41-42)

Und ist es nicht wunderbar, dass gleich im folgenden Kapitel des Evangelisten Lukas der Aufruf und die Zusage Jesu folgt:

"Bittet, so wird euch gegeben werden; suchet, so werdet ihr finden; klopfet an, so wird euch aufgetan werden! Denn jeder, der bittet, empfängt; und wer sucht, der findet; und wer anklopft, dem wird aufgetan werden." (Lukas 11,9-10)

Ja, "weniges ist not", lasst uns diesem Wenigen uns ganz widmen. Lasst uns in uns gehen, uns auf das Wesentliche besinnen, und alles Weitere von daher an die Hand nehmen und umsetzen. Hierfür sind Tage und Zeiten der stillen Einkehr gut, Tage der Besinnung und des Gebetes.

Und wir dürfen bei Gott ganz stark anklopfen, ihn bitten und herausfordern. Er hält das aus, und Er wird es uns zu Gute halten, denn die Gleichgültigkeit macht Ihm zu schaffen, aber nicht, dass wir zu Ihm kommen und an Ihn gelangen, der unser Anwalt im Himmel ist. Er freut sich. Er erwartet das. Er nimmt uns auf, wie Er auch den verlorenen Sohn festlich aufgenommen hat bei sich zuhause, um nochmals eine fantastische Geschichte aus dem Lukas-Evangelium (15,1-7) genannt zu haben. Wir dürfen da mitmachen und uns an der Gemeinschaft und am Fest erfreuen, denn wir sind eingeladen.

# Gnade im Überfluss

2. Korintherbrief 9,6-9:
„Dies aber bedenket: Wer kärglich sät, wird auch kärglich ernten; und wer in Segensfülle sät, wird auch in Segensfülle ernten. Jeder gebe, wie er es im *Herzen* vorgenommen hat, nicht aus Missmut heraus oder aus Zwang; denn *einen fröhlichen Geber hat Gott lieb*. Gott aber vermag jede *Gnade im Überfluss* über euch zu bringen, damit ihr *in allem allezeit alles* Genüge habt und zu jedem guten Werk überreich seid, wie geschrieben steht:
'Er hat ausgestreut. Er hat den Armen gegeben.
Seine Gerechtigkeit bleibt in Ewigkeit.'" (Psalm 112,9)

Vielleicht ist Ihnen schon aufgefallen, dass Euer Prediger seinem Aufruf zur Kollekte in den Gottesdiensten oft den Satz beifügt: «Eine fröhliche Geberin und einen fröhlichen Geber hat Gott lieb.» Ich sehe dann schon das Lächeln in der Hörergemeinde, ich zucke mit den Schultern und füge erklärend bei: «Ja, das war noch der biblische Werbespot.» Und ich meine das im Ernst: Wir sammeln für gute, wohlüberprüfte Projekte, für die wir einstehen können. Da ist Reklame durchaus angebracht.

Wie ich zu diesem Satz gekommen bin? – Vor vielen Jahren, in meiner ersten Gemeinde im Bündnerland, wurde ich nach einem Gottesdienst von einer ständigen Ferien-Gästin (ja, das Wort Gästin wurde 2020 in den Duden aufgenommen) auf die Verkündigung der Kollekte angesprochen. Sie sagte sympathisch-lächelnd dazu: «Unser Konfirmations-Pfarrer hat jeweils dazu gesagt: 'Einen fröhlichen Geber hat Gott lieb.'» Spontan erwiderte ich: «Das merke ich mir gerne, aber ich sage dann die weibliche Form dazu, nämlich: 'Eine fröhliche Geberin und einen fröhlichen Geber hat Gott lieb.'» So also ist es dazu gekommen, dass dieser Satz immer wieder mal Erwähnung findet. Und weil Sie eine so aufmerksame Gemeinde von Hörerinnen und Hörern sind, wird manchmal die biblische Referenz angedeutet. Bibel? Andeutung? – Ja, genau, *wo* eigentlich findet sich dieser prominente Werbe-Slogan, wo, und in welchem Zusammenhang wird er angeführt?

Da wird man schnell fündig, denn «wer sucht, der findet»; auch so ein biblisches Wort (Matthäus 7,8). Wir stossen auf den Apostel Paulus, der in seinem zweiten Brief an die Gemeinde in Korinth über den Segen freudigen Gebens debattierte (2. Korinther 9). Das also ist der direkte biblische Hinweis für die Worte, welche mir jene Frau lächelnd von ihrem Konfirmations-Pfarrer quasi «ausgerichtet» hatte.

Nun ist es aber nicht so, dass Paulus dies so ganz allein erfunden hätte. Er steht damit in einer sehr alt hergebrachten jüdischen Tradition, wie sie sich schon in den Schriften von Moses finden lässt: «Wenn bei dir ein Armer ist, einer deiner Brüder, in irgendeiner Ortschaft in deinem Lande, das der Herr, dein Gott, dir geben will, so sollst du nicht hartherzig sein und deine Hand vor deinem armen Bruder nicht verschliessen, sondern willig sollst du deine Hand für ihn auftun und ihm gerne leihen, so viel er nur bedarf.» So jedenfalls lesen wir es im fünften Buch Mose 15,7-8, im Deuteronomium.

Dem Bedürftigen soll geholfen werden. Wiederum unter Hinweis auf das *Herz*, allerdings im vom Negativen abwehrenden Sinne: «So sollst du *nicht hartherzig* sein.»

Und dennoch gibt es auch hier einen großen Unterschied zwischen dem Alten und dem Neuen Testament, denn der Apostel Paulus nimmt zwar durchaus Bezug auf die alttestamentlichen Schriften, welche er als ehemaliger Pharisäer bestens kennt, doch in seinem Glauben an Jesus Christus, durch den er die Gnade erfahren hatte, kann er viel weiter gehen.

Er verweist zuerst auch auf das *Herz*, das es vor dem Geben zu prüfen gilt, denn das Herz machen aus: Die Haltung, die Motivation, der Charakter und die Tat. Dann sticht er zur zentralen Aussage vor, eigentlich eine unerhörte Behauptung, welche ihm bestimmt durch den Heiligen Geist eingegeben wurde: «Denn einen fröhlichen Geber hat *Gott* lieb.» Nun kommt's aber noch dicker: Gott kann «jede *Gnade* im Überfluss» über uns Gläubige bringen, wie der Reformator Ulrich Zwingli in der Zürcher Übersetzung aufgrund des griechischen Urtextes richtiggehend zuspitzte: «in allem allezeit alles» sollen wir zur «Genüge» haben. Enorm: «in allem allezeit

alles», ja im griechischen Neuen Testament heisst es eben auch: «en panti pantote pasan» [ἐν παντὶ πάντοτε πᾶσαν], das heisst: «in allen Dingen, immer und überall».
Welch schöne Zusage! Und nicht nur schön; und nicht nur weise, sondern auch *wahr.* «Ihr werdet die Wahrheit erkennen, und die Wahrheit wird euch frei machen!» wie es *Jesus* uns zugerufen hat (Johannes 8,32). Seine Gnade für uns ist übervoll. Seine Gnadengaben für uns sind überzählig. Viel. Mehr als wir benötigen. Besonders, wenn wir noch geben können. Nicht nur Geld, nicht nur Kollekte; wohl auch ein freundliches Entgegenkommen, ein Lächeln, ein gutes Wort, ein «Augen-Blick», ein gegenseitiges Einvernehmen, ein Miteinander-Gehen, ein «am selben Strick ziehen» – und dann erst noch auf derselben Seite! Gemeinsam in die Zukunft blicken und die Gegenwart geniessen. All das, *können* wir das?

Vielleicht haben wir viel davon verlernt. Macht nichts. Stehen bleiben, wie jetzt in diesem Gottesdienst, in sich gehen, zu sich kommen, den Heiligen Geist einladen, neues Licht und neue Kraft empfangen – und fröhlich weitergehen!

Es hat mich sehr beeindruckt, welche Haltung eine ehemalige Mitarbeiterin an den Tag legte, welche in Afrika aufgewachsen war, im damals diktatorisch regierten Uganda des Idi Amin. Wir unterhielten uns über das Leben in Afrika und in Europa, und wir kamen auf den Hunger zu sprechen.
Plötzlich kam es aus ihr heraus: «Der Hunger nach Nahrung dort, und der Hunger nach Liebe hier; an beiden Orten ist Hunger!» Ich erschrak dermassen, dass sie mir die Worte wiederholen musste. Und ich kann sie bis heute nicht vergessen und denke immer wieder an die Weisheit dieser Frau und an die Wahrheit, die sie zu erkennen, zu formulieren und zu äussern wusste. «Der Hunger nach Nahrung dort, und der Hunger nach Liebe hier.»

An beidem können wir arbeiten. Paulus gibt uns die Werkzeuge dazu mit dem Hinweis auf das fröhliche Geben aus der immensen Gnadenfülle, die Gott für uns bereithält.

Wir sind alle in Seiner Gemeinschaft geborgen; wir haben jedoch alle auch unsere persönlichen Eigenheiten, Gnadengaben, die Er nur uns *so* verliehen hat. – Wovon habe ich genug in Fülle? Was davon kann ich gezielt geben, und wem kann ich es zukommen lassen?
Es betrifft nicht nur die Kollekte, die fröhlich dosiert und gezielt gegeben und eingesetzt werden soll. Es betrifft auch das Wohlergehen, die Zufriedenheit; und in letzterem Wort steckt der Begriff «Frieden»: Zu*frieden*heit.

Das wünsche ich uns allen. Uns allen als Gemeinschaft – und jeder und jedem Einzelnen von uns persönlich. Immer wieder. Nämlich dass wir «in allem allezeit alles» haben – und davon Bedürftigen geben können. Gott, den wir durch Jesus Christus, den Gekreuzigt-Auferstanden, kennen, verhelfe uns dazu!


**Aus dem Schöpfungs-Gebet nach Martin Luther**
(1483-1546)

Lieber Herr und Gott.
Behüte gnädig die Früchte auf dem Feld und im Garten.
Reinige die Luft.
Gib Regen und gutes Wetter zu seiner Zeit.
Lass die Früchte wohl geraten.
Lass sie nicht vergiftet werden,
damit wir und das Vieh durch sie nicht krank werden.
Amen.

# Eine Trauerrede im Herbst

Die „Chilebrugg"[6] vom Oktober 2023 in der Monatszeitschrift „reformiert." ist dem Thema „Ewiges ist nicht auf Erden" gewidmet. Das gilt auch für uns Menschen, obwohl wir auf die Ewigkeit hin angelegt sind – da täuscht und enttäuscht uns das innere Empfinden keinesfalls, hat doch bereits der weise Prediger [hebr. Kohelet קֹהֶלֶת] Salomo (Prediger 3,11) offenbart:

„Alles hat Gott gar schön gemacht zu seiner Zeit;
auch die *Ewigkeit* hat er den Menschen ins *Herz* gelegt,
nur dass der Mensch das Werk, das Gott gemacht,
von Anfang bis zu Ende nicht fassen kann."

Dennoch: „Ewiges ist nicht auf Erden". Alles ist im Fluss der Zeit, auch wir Menschen. Wenn jemand „das Zeitliche segnet" (welch tiefsinniger verhüllender Begriff für „sterben"!), ja, wenn jemand das Zeitliche segnet und in die Ewigkeit eingeht, und ganz besonders wenn es eine nahestehende geliebte Person ist, wie eine Gattin, Mutter und Großmutter, dann schmerzt das ganz fest. Es bedeutet auch eine Neu-Orientierung des Familiengefüges sowie die Neu-Positionierung des eigenen Lebens.
Es ist wichtig, dass wir dies anerkennen, stillstehen, einen Moment innehalten und uns Zeit dafür nehmen, alle Jahreszeiten durchzugehen und das Trauerjahr für uns zu nehmen.

Der Herbst eignet sich ganz besonders dafür, leuchten uns doch tröstend die vielen Farben entgegen und laden uns die Erntefrüchte dazu ein, uns körperlich wieder zu stärken. Genau dies weist in eigentümlicher Weise auf das Jenseitige und auf das Ewige hin, wie es der Dichter Hermann Hesse (1877-1962) im Jahr 1933 mit seinem Gedicht „Welkes Blatt" vortrefflich festgehalten hatte:

„Jede Blüte will zur Frucht,
Jeder Morgen Abend werden.
Ewiges ist nicht auf Erden,

---

6 Beilage der reformierten Kirchgemeinde Dättlikon-Pfungen ZH in der Monatszeitschrift „reformiert."

Als der Wandel, als die Flucht.
Auch der schönste Sommer will
Einmal Herbst und Welke spüren.
Halte, Blatt, geduldig still,
Wenn der Wind dich will entführen.
Spiel dein Spiel und wehr dich nicht,
Lass es still geschehen.
Lass vom Winde, der dich bricht,
Dich nach Hause wehen." [7]

Ja, Ewiges ist nicht auf Erden, als der Wandel, in dem Ewiges sich zu ereignen vermag. Auf diesem Weg sind wir mittendrin. Auf diesem Weg sind wir voll und ganz unterwegs. Wir sind hierhergekommen, wir halten inne, wir sind Gemeinschaft, und wir schöpfen Hoffnung und Kraft.
Auf den Punkt gebracht und in zeitgenössische Worte gefasst hat dies der einstige Friesenberger Pfarrer Peter Walss (1937-1994) in seinem letzten Werk, das er im Spitalbett in seinen Laptop eingetippt hatte und darum heißt „Gebete auf dem Rücken liegend":

„Dank den Rosen beim Fenster
und den Rosenblättern und Früchten
die auf dem Pult den Herbst verkünden
die ermutigende Fülle des Herbstes
Reichtum vor der Kargheit des Winters
in der sich der Frühling vorbereitet
auf kleinem Raum
kleine Zeichen
es kommt nicht auf die Größe an
sie sprechen von Großem
es genügt, nicht zu vergessen
wovon Dinge sprechen." [8]

Diese letzten Worte mögen helle nachklingen: „Es genügt, nicht zu vergessen, wovon Dinge sprechen." Auch da sind wir mittendrin.

---

7 Hermann Hesse: Sämtliche Werke, herausgegeben von Volker Michels. Band 10, Die Gedichte, bearbeitet von Peter Huber. Frankfurt am Main, Suhrkamp Verlag, 2002. Seite 324.
8 Peter Walss: Gebete auf dem Rücken liegend. Gotthelf Verlag, 1993. Seite 50.

Voll und ganz da. Wir gedenken der Heimgerufenen und ihrem reichen Leben. „Es genügt, nicht zu vergessen, wovon Dinge sprechen." Dies können wir nun anwenden, und wir tun es. Wir nehmen all das Verewigte, all das Gute, all das Durchgestandene, all das Erhoffte und nun Erfüllte mit uns in unseren Herzen, welche auf die Ewigkeit hin angelegt sind, auf das unvergänglich Schöne hin.

So nehmen wir in aktiver Trauer Abschied von unserer lieben Heimgerufenen, und wir rufen ihr zu:

„Ruhe in Frieden,
und das ewige Licht leuchte Dir!"

# Ich möchte heim – Eine Trauerrede

„Ich möchte heim; mich zieht's dem Vaterhause,
Dem Vaterherzen zu,
Fort aus der Welt verworrenem Gebrause
Zur stillen, tiefen Ruh';
Mit tausend Wünschen bin ich ausgegangen,
Heim kehr' ich mit bescheidenem Verlangen;
Noch hegt mein Herz nur *einer* Hoffnung Keim:
Ich möchte heim.

Ich möchte heim; das Schifflein sucht den Hafen,
Das Bächlein läuft ins Meer,
Das Kindlein legt im Mutterarm sich schlafen,
Und ich will auch nicht mehr;
Manch' Lied hab' ich in Lust und Leid gesungen,
Wie ein Geschwätz ist Lust und Leid verklungen;
Im Herzen blieb mir noch der letzte Reim:
Ich möchte heim." [9]

Dieses schöne, edle und tiefempfundene Gedicht des schwäbischen Dichter-Pfarrers Karl Gerok[10], welches er bezeichnenderweise in seinem frühen 27. Lebensjahre verfasst hatte, ja, die Worte dieses einprägsamen Gedichtes „Ich möchte heim" gingen mir durch Sinn und Herz, als ich vom Heimgehen unserer geschätzten Kirchgenossin erfuhr.
Der begnadete Dichter hatte sein Werk wohl in Anlehnung an die Worte aus dem Hebräerbrief 13,14 niedergeschrieben, wo wir lesen: „Wir haben hier keine bleibende Stadt, sondern wir suchen die zukünftige." Wir Menschen sind also Suchende. Und wir suchen im Grunde der Dinge das, was bleibt; das, worauf wir uns verlassen können; das, was uns liebevoll aufnimmt, schützt und pflegt; das,

---

9 Gedicht „Ich möchte heim", Karl Friedrich von Gerok (1815-1890), 1842, aus der Sammlung „Heilige Worte"; in: Gebet- und Andachtsbuch für das christliche Volk, herausgegeben von R. Grubenmann, Pfarrer in Chur, Fünfzehnte Auflage, Fehr'sche Buchhandlung St. Gallen 1946, Seiten 247/248.
10 Artikel „Gerok, Karl" von Hermann Mosapp in: Allgemeine Deutsche Biographie, herausgegeben von der Historischen Kommission bei der Bayerischen Akademie der Wissenschaften, Band 49 (1904), S. 307–315, Digitale Volltext-Ausgabe in Wikisource, URL: https://de.wikisource.org/w/index.php?title=ADB:Gerok,_Karl_von&oldid=- (Version vom 4. November 2023, 14:46 Uhr UTC).

was in eine verheißungsvolle Zukunft führt, für immer.
Wie es der Psalmensänger David als Schlusswort zu seinem 23.
Psalm „Der Herr ist mein Hirte" gewählt hatte:

„Ich werde in des Herrn Hause weilen
mein Leben lang."

Sie hat das gewusst. Sie war vorbereitet. Sie war bereit, uns vorauszugehen ins „ewige, nicht mit Händen gemachte Haus in den Himmeln"[11].

Zu spüren war auch immer wieder die Dankbarkeit für all das Gemeisterte, Erhaltene und Erlebte. In der Bibel heißt es von Abraham[12], Isaak[13] und Hiob[14], dass sie „alt und lebenssatt" sterben durften, was auf ein erfülltes Leben und auf erhaltene Gnade hinweist.
Und man geht dann allein, denn das ist etwas ganz Persönliches, aber es geht dann keineswegs in die Einsamkeit, steht doch dazu geschrieben „und wurde mit seinen Vorfahren, d.h. seinem Volk, vereint"[15]. Das ist etwas ganz Großes, vereint sein, aufgenommen sein, aufgefangen sein, aufgehoben sein, eben: „in deinem Haus darf ich nun weilen, mein Leben lang".

Es ist, als ob wir ihren Ruf hörten, den wir im ersten Buch Mose in anderem Zusammenhang vernehmen:

„Haltet mich nicht auf,
da doch der Herr meine Reise
hat gelingen lassen.
Lasst mich ziehen,
ich will zu meinem Herrn gehen." [16]

---

11 2. Korintherbrief 5,1.
12 1. Mose 25,8.
13 1. Mose 35,29.
14 Hiob 42,17.
15 1. Mose 25,8 und 35,29.
16 1. Mose 24,56.

Was sie geglaubt hat, das schaut sie jetzt. – Für uns zurückgebliebene Trauernden ist es, als ob sie einen anderen Raum betreten hätte. Das Definitive und die Unumkehrbarkeit fügt uns Schmerzen zu, die wir zuzulassen und durchzustehen haben, bis sich die innere Leere wieder mit Kraft und Hoffnung, Erinnerungen und Zielen füllt, und bis wir merken dürfen: Da ist so vieles, das bleibt; so vieles, das empfangen und gegeben wurde; so vieles, das nun verewigt wurde; so vieles, das sich verheißungsvoll fortpflanzt.

Nehmt diese Trauerzeit für Euch in Anspruch. Nehmt das Trauerjahr mit all den verschiedenen Jahreszeiten. Schöpft dabei immer wieder aus der Quelle des Lebens, aus der auch die Heimgerufene zu schöpfen und ihr Leben zu gestalten wusste.
Gott segne Eure Trauer; er segne Eure Tränen!

Liebe Vorausgegangene, ruhe in Frieden, und das ewige Licht leuchte Dir!

# Alles in Liebe – Zur Jahreslosung 2024

Lesung aus dem 13. Kapitel des 1. Korintherbriefes:
„Wenn ich in den Zungen der Menschen und der Engel rede,
habe aber die Liebe nicht,
so bin ich ein tönendes Erz oder eine klingende Schelle.
Und wenn ich die Gabe der Rede aus Eingebung habe
und alle Geheimnisse weiß
und alle Erkenntnis
und wenn ich allen Glauben habe
sodass ich Berge versetze,
habe aber die Liebe nicht, so bin ich nichts.
Und wenn ich alle meine Habe zur Speisung der Armen austeile,
habe aber die Liebe nicht, so nützt es mir nicht.
Die Liebe vergeht niemals.
Nun aber bleibt Glaube, Hoffnung, Liebe, diese drei;
am größten aber unter diesen ist die Liebe.“

Es drängt Euren Prediger heute, einen kleinen Beitrag zu leisten zur Verinnerlichung der Jahreslosung 2024. Sie ist dem ersten Brief des Apostels Paulus an die Gemeinde in Korinth (Kapitel 16, Vers 14) entnommen und lautet kurz:

„Alles, was ihr tut,
geschehe in Liebe.“

Es widerstrebt mir jedoch, bei dieser einfachen Alltags-Lebens-Anleitung, mit welcher der Apostel die hörende Gemeinde in Korinth gegen den Schluss seines Briefes ermutigen wollte, ja, es widerstrebt mir jetzt, mit hochgestochener theologischer Auslegung aufzuwarten und von Dingen zu erzählen, die wir entweder schon wissen, oder die uns gar nicht interessieren. Lediglich zwei Dinge vorweg:
Die Liebe Gottes zu uns Menschen durchzieht das Alte und das Neue Testament der Bibel wie ein roter Faden. So hat uns Gott, der

Herr, als Abbild von Ihm geschaffen und nahm in Jesus Christus Menschengestalt an – eine unglaubliche Solidarisierung! Da wird alles so konkret, und es kommt enorm nahe.

Und das Zweite vorweg: In der deutschen Sprache kennen wir recht rudimentär für so viele Schattierungen lediglich das Wort: *Liebe*. In der englischen Bibel (KJV) heißt es schon differenzierter:

„Let all your things
be done with *charity*."

Der griechische Urtext kennt das Wort „Agape" [πάντα ὑμῶν ἐν ἀγάπῃ γινέσθω.] Abgezielt wird also auf die *Nächstenliebe*. In der englischen Sprache ist so ergreifend von „brotherly love" (brüderlicher Liebe) die Rede, und es findet sich bei der Erklärung des Begriffes ein Hinweis auf das Christentum dazu.

Diese zwei Dinge also vorweg. Statt nun jedoch in Theorie zu machen, kommt mir spontan jener Mann in den Sinn, der sich infolge seiner Fürsorge eines Kätzchens nichts Geringeres als eine Einladung in den Himmel eingehandelt hatte! Diese Erzählung leuchtete mir plötzlich aus dem Schatz des Sufismus, der Mystik des Islam, eindrucksvoll entgegen. Sie geht in etwa so:

Es war einmal ein Mann namens Ali. Er lebte in einem kleinen Dorf. Ali war bekannt für seine Güte und sein Mitgefühl gegenüber allen Lebewesen, sei es Mensch oder Tier.

Eines Tages begegnete er auf der Straße einer hungrigen Katze. Wie viele es getan hätten, vermochte er sie nicht zu ignorieren und an ihr vorbeizugehen, sondern er blieb stehen, bückte sich und nahm sich ihrer an. Er teilte kurzum sein Essen mit dem Tier und streichelte es sanft.

Das Kätzchen gab sich von Alis Liebe berührt, und es zeigte ihm seine Dankbarkeit. Es begleitete ihn nämlich von da an überall hin, wohin er sich auch begab.

Eines Nachts, als Ali im Freien schlief, hatte er einen außergewöhnlichen Traum: Er sah sich von Engeln umgeben. Sein Herz war so leicht wie eine Feder.[17] Die Engel überbrachten ihm eine Einladung in den Himmel, und sie erklärten ihm auch den Anlass; der Grund bestand nämlich in seiner Barmherzigkeit gegenüber der bedürftigen Katze!

Ali erwachte verwundert und zugleich dankbar. Mit einem Mal erkannte er die tiefe Bedeutung seiner Handlungen. Er hatte nicht nur einem hungrigen Wesen geholfen, sondern durch seine Liebe zu einem unscheinbaren Geschöpf zugleich göttliche Barmherzigkeit erfahren. [18]

Soweit die Erzählung von Ali und der Katze, dem Traum und den Engeln, sowie der Einladung in den Himmel. Unangesehenes, Kleines, gerät durch die Beachtung und die Beziehung ins Große. Selbst der kleinsten Handlung der Barmherzigkeit und der Liebe gegenüber anderen Lebewesen kann spirituelle Belohnung zukommen. Mitgefühl und Liebe sind universelle Werte, die uns Menschen zu einem höheren geistlichen Bewusstsein zu geleiten vermögen.

Ja, die Liebe hat viele Facetten. Der Schlüssel dazu ist das Mitgefühl, die Barmherzigkeit, welche Jesus immer wieder zu Wohl- und Wundertaten an den Ihm Anvertrauten angetrieben hat. Sie legt Er denn auch *uns* ans Herz, wenn Er etwa ausruft (Matthäus 25,40):

„Was ihr für einen meiner Geringsten getan habt,
das habt ihr *mir* getan.“
Das ist nicht nur ein Ding der Ethik und der Moral, sondern auch der Erkenntnis, der Weisheit und der Wahrheit. Da müssen wir uns auch nicht ständig überfordert fühlen. Wir rufen einfach unsere Einsicht zu Hilfe, dass kein Mensch vollkommen ist und wir immer

---

17 In der ägyptischen Mythologie heißt es: Das Herz, welches im Totengericht gewogen wird, soll so leicht wie eine Feder sein, d.h. frei von Sünde und Schuld (Aegypten-geschichte-kultur.de/das-totengericht).
18 Ähnlich in der Erzählung „Das Grosse liegt im Kleinen" bei Willi Hoffsümmer: Kurzgeschichten 4, 233 Kurzgeschichten für Gottesdienst, Schule und Gruppe. Matthias-Grünewald-Verlag, Mainz 1991, Nr. 226, Seiten 187/188.

wieder aus dem unendlichen Pool der Liebe Gottes schöpfen dürfen.

Dabei ist es wesentlich, daran zu denken, dass die hier gemeinte Liebe in Jesus Christus die *Vergebung* und die *Versöhnung* miteinschließt. Allerdings sind das leider keine „subito Werte". Oft ist das ein langer Weg – für uns selbst; und auch anderen müssen wir das zugestehen. Gefragt sind Geduld, Mut und Demut. Wir sind gefordert, herausgefordert.

Aber wir sind nie allein. Die umfassende Liebe von Gott gilt dem Nächsten genau gleich wie uns. Wenn wir in guten Bestrebungen nicht weiterkommen, sollen wir uns nicht ärgern, sondern auf die Barmherzigkeit des Vaters im Himmel zählen. Wir wissen jetzt, dass die große Einladung in den Himmel einst nicht infolge von gelungenen Würfen kommen wird, sondern vielleicht eines Kätzchens wegen, dessen wir uns erbarmen.

# All with charity – On the Annual Motto 2024

Reading from the 13th chapter of 1 Corinthians:
"If I speak in the tongues of men and of angels
but have not love,
I am only a resounding gong or a clanging cymbal.
If I have the gift of prophecy
and can fathom all mysteries and all knowledge,
and if I have a faith that can move mountains,
but do not have love, I am nothing.
If I give all I possess to the poor
and give over my body to hardship that I may boast,
but do not have love, I gain nothing.
Love never fails.
And now these three remain: faith, hope and love;
but the greatest of these is love."

Today your preacher is urged to make a small contribution to internalizing the motto for 2024, which is taken from the apostle Paul's first letter to the church in Corinth (chapter 16, verse 14) and reads briefly:

"Everything you do,
be done in love."

However, I am reluctant to come up with this simple guide to everyday life, with which the apostle wanted to encourage the listening church in Corinth towards the end of his letter; indeed, I am now reluctant to come up with lofty theological interpretations and to talk about things that we either already know or that are of no interest to us at all. Just two things first:

God's love for us humans runs through the Old and New Testaments of the Bible like a common thread. The Lord God created us in His image and took on human form in Jesus Christ - an incredible solidarity! Everything becomes so concrete, and it comes so close.

And the second thing first: in the German language, we only know the rather rudimentary word for so many shades: *love*. In the English Bible (KJV) it is more differentiated:

"Let all your things
be done with *charity*."

The original Greek text knows the word "agape" [πάντα ὑμῶν ἐν ἀγάπῃ γινέσθω.] The aim is therefore to *love one's neighbor*. The English language speaks so movingly of "brotherly love", and there is a reference to Christianity in the explanation of the term.

So these two things first. But instead of going into theory, I spontaneously thought of the man who, as a result of his care for a kitten, had earned himself nothing less than an invitation to heaven! This story suddenly shone impressively on me from the treasury of Sufism, the mysticism of Islam. It goes something like this:

Once upon a time there was a man called Ali. He lived in a small village. Ali was known for his kindness and compassion towards all living beings, whether human or animal.

One day, he came across a hungry cat on the street. As many would have done, he was unable to ignore it and walk past it, but stopped, bent down and took care of it. He quickly shared his food with the animal and stroked it gently.

The kitten was touched by Ali's love and showed him his gratitude. From then on, it accompanied him wherever he went.

One night, while Ali was sleeping outside, he had an extraordinary dream: he saw himself surrounded by angels. His heart was as light as a feather.[19] The angels brought him an invitation to heaven, and they also explained to him the reason for it, which was his compassion for the needy cat!

---

19 According to Egyptian mythology, the heart that is weighed in the judgment of the dead should be as light as a feather, i.e. free from sin and guilt (Aegypten-geschichte-kultur.de/das-totengericht).

Ali woke up amazed and grateful at the same time. All at once, he realized the deep meaning of his actions. He had not only helped a hungry creature, but had also experienced divine mercy through his love for an inconspicuous creature.

So much for the story of Ali and the cat, the dream and the angels, and the invitation to heaven. The unnoticed, the small, becomes great through attention and relationship. Even the smallest act of compassion and love towards other living beings can have spiritual rewards. Compassion and love are universal values that can guide us humans to a higher spiritual consciousness.

Yes, love has many facets. The key to it is compassion, the mercy that repeatedly drove Jesus to perform acts of kindness and miracles for those entrusted to Him. He also recommends it to *us* when He proclaims it (Matthew 25:40):

"What you have done for one of the least of these,
you have done this to *me.*"

This is not just a matter of ethics and morals, but also of knowledge, wisdom and truth. We don't have to feel constantly overwhelmed. We simply call upon our insight that no human being is perfect and that we can always draw from the infinite pool of God's love.

It is important to remember that the love meant here in Jesus Christ includes *forgiveness* and *reconciliation.* Unfortunately, however, these are not "subito values". It is often a long road - for ourselves; and we also have to admit this to others. Patience, courage and humility are required. We are challenged, challenged.

But we are never alone. God's all-encompassing love is for our neighbor just as much as it is for us. If we do not make progress in our good endeavors, we should not fret, but count on the mercy of the Father in heaven. We now know that the great invitation to heaven will not come as a result of successful litters, but perhaps because of a kitten that we have mercy on.

# Die Hütte Gottes bei den Menschen

Offenbarung 21,1-6a:
„Und ich sah einen neuen Himmel und eine neue Erde. Denn der erste Himmel und die erste Erde sind vergangen, und das Meer ist nicht mehr. Und die heilige Stadt, ein neues Jerusalem, sah ich vom Himmel herabkommen von Gott her, bereit wie eine Braut, die sich für ihren Mann geschmückt hat. Und ich hörte eine laute Stimme vom Thron her rufen:
'Siehe: *Die Hütte Gottes bei den Menschen!* Er wird bei ihnen wohnen, und sie werden sein Volk sein, und Gott selbst wird mit ihnen sein, ihr Gott. Und abwischen wird er jede Träne von ihren Augen, und der Tod wird nicht mehr sein, und kein Leid, kein Geschrei und keine Mühsal wird mehr sein; denn was zuerst war, ist vergangen.'
Und der auf dem Thron sass, sprach:
'Siehe, ich mache alles neu!'
Und er sagte: 'Schreibe, denn diese Worte sind zuverlässig und wahr.' Und er sprach zu mir: 'Es ist geschehen. Ich bin das A und das O, der Anfang und das Ende.'"

Unsere letzte Betrachtung galt der Jahreslosung 2024:

„Alles was ihr tut
geschehe in Liebe."

… wie sie aufgeschrieben steht im ersten Brief des Apostels Paulus an die Gemeinde in Korinth (16,14).

Doch worüber wollen wir heute nachdenken? Da habe ich einen Blick in die Tageslosung geworfen, wo so ganz andere Worte aus einer ganz anderen Schrift der Bibel stehen:

„Und ich hörte eine laute Stimme vom Throne her sagen:
Siehe da, die Hütte Gottes[20] bei den Menschen;

---

20 „Die Hütte Gottes" bezieht sich auf das einfache Zelt in der Wüste, in welchem Gott seinem Volk begegnete. Später ist aus dem hebräischen Wort für „Hütte" ein Name für Gott entstanden, die „Schechinah" [שְׁכִינָה], was mit „Einwohnung" übersetzt werden kann. Vgl. Übersetzung von Offenbarung 21,3 in: Das jüdische Neue Testament, von

und er wird bei ihnen wohnen, und sie werden sein Volk sein,
und Gott selbst wird bei ihnen sein."

So lesen wir es im neutestamentlichen Buch der Offenbarung
(21,3), der letzten visionären Schrift der Bibel vom Seher Johannes,
der die sieben Gemeinden der Provinz Asia mit den Worten begrüßt
(Offenbarung 1,4-5):

„Gnade sei mit euch und Friede von dem,
der ist und der war und der kommt
und von den sieben Geistern,
die vor seinem Thron sind,
und von Jesus Christus, dem treuen Zeugen,
dem Erstgebornen der Toten
und dem Herrscher über die Könige der Erde.
Dem, der uns liebt und uns durch sein Blut
von unseren Sünden erlöst hat."

Das ist ja so eine ganz andere Sprache, eine richtig geistliche, in
der Gegenwart Gottes ruhende – und zugleich in die Zukunft
zündende, indem sie das nicht verzehrende Feuer des Geistes, der
nahe ist, weiterträgt.
Aber: *Ein* einziges Wort hat mich im 21. Kapitel der Offenbarung
des Johannes (Vers 3) immer wieder aufs Neue verblüfft:
*„Hütte"*, bei: „Siehe da, die Hütte Gottes bei den Menschen." Warum
denn „Hütte"?! Es gab doch den Tempel, und es gibt die
Kathedralen und Dome, die einladenden Gotteshäuser der
Romanik und die nach oben strebenden Kirchen der Gotik. Und
jetzt steht hier, im zweitletzten Kapitel der Bibel, kurz vor dem
Schluss des Neuen Testamentes, ganz lapidar: „die Hütte Gottes
bei den Menschen". Was kann das bedeuten?

Dieses Wort lässt uns nicht mehr los. Eilfertig wird der biblische
Urtext konsultiert, und da steht der Begriff in griechischer Sprache:
skēnē [Ἰδού, ἡ σκηνὴ τοῦ θεοῦ], was wirklich auch übersetzt werden
kann mit Bude, Baracke oder Zelt. Da ist „Hütte" wohlgesetzt und
nicht zufällig hingekommen. Das Tätigkeitswort (Verb) heißt dann

---

David H. Stern, hänssler Berlin 1994, Seite 458.

„skēnoó", und das bedeutet Hütte haben, wohnen, zelten, oder eben: in der Bude sein. Ich weiß nicht, wie es Euch ergeht, mich jedenfalls frappiert das enorm. Dass etwas so Großes, die Anwesenheit Gottes, mit „die *Hütte* Gottes bei den Menschen" beschrieben wird, und es geht ja dann weiter: „Er wird bei ihnen *wohnen*."

Da ist nichts Prunkvolles, nichts Behäbiges, Fürstliches, obwohl der Friedefürst gekommen ist. Da ist nichts Statisches, nichts Behaftendes – sondern da geht es ums *Sein* und nicht um den Schein. Es geht um das Ereignis, ums Zusammenkommen, ums Verschmelzen, um die Gemeinschaft, schlichtweg darum, dass Gott bei uns Menschen wohnt – und wir in Ihm.

Kommt mir in den Sinn, wie es Mulla Nasrudin erging, bevor er ein Sufi (Weiser) wurde und genauso wie andere Leute dachte:

Als er sich einmal etwas sehr wünschte, ging er in die Große Moschee, um darum zu beten. Aber es erfüllte sich nicht, obgleich er monatelang jeden Tag hinging.

Schließlich vertraute er seine Not einem Bekannten an. Der aber sagte: „Warum versuchst du nicht, in der Takkia des Sheikh Ahan zu beten? Es ist ein Gebetsraum gleich einer kleinen Moschee, direkt mit dem Haus des Sufis verbunden."

Der Mulla ging hin und versuchte es wieder. Schon am nächsten Tag wurde sein Gebet erhört. Nasrudin ging zur Großen Moschee, stand draußen davor und richtete folgende Worte an sie: „Schäme dich! Eine Baby-Moschee, Takkia genannt, kann etwas, was eine erwachsene Moschee, wie du es bist, nicht fertigbringt!" [21]

Auch die chassidische Weisheit hält eine träfe Antwort zur Wohnungsfrage Gottes bereit:

Einst überraschte Rabbi Mendes von Kozk einige gelehrte Männer, die bei ihm zu Gast waren, mit der Frage:

„Wo wohnt Gott?"

---

21 Erzählung „Groß und klein", in: Idries Shah, Die fabelhaften Heldentaten des vollendeten Narren und Meisters Mulla Nasrudin. Verlag Herder, Freiburg im Breisgau 1984. Seite 46.

Sie lachten über ihn:

„Wie redet Ihr! Ist doch die Welt seiner Herrlichkeit voll!"

Er aber beantwortete die eigene Frage:

„Gott wohnt, wo man ihn einlässt." [22]

Und so kommt es, dass der Rabbiner von Berditschew, genannt der Berditschewer, singen konnte:

„Wo ich gehe – Du!
Wo ich stehe – Du!
Nur Du, wieder Du, immer Du!
Du, Du, Du!

Ergeht's mir gut – Du!
Wenn's weh mir tut – Du!
Nur Du, wieder Du, immer Du!
Du, Du, Du!

Himmel – Du. Erde – Du.
Oben – Du. Unten – Du.
Wohin ich mich wende,
an jedem Ende,
nur Du, wieder Du, immer Du!
Du, Du, Du!" [23]

---

22 Aus: Martin Buber, Der Weg des Menschen in der Chassidischen Lehre.
23 Martin Buber: Die Erzählungen der Chassidim. 10. Auflage. Manesse Verlag (1949), Zürich 1987. Seite 342.

# Harre, meine Seele – Eine Trauerrede

Als Euer Prediger vom Heimgang unseres lieben Mitgliedes der
Gemeinde erfuhr, stieg es ihm ins Herz, dass es wahrhaft Winterzeit
ist, und er begann das Lied zu summen, das wir soeben gesungen
haben:

„Harre, meine Seele, harre des Herrn.
Alles ihm befehle, hilft er doch so gern.
Sei unverzagt;
bald der Morgen tagt,
und ein neuer Frühling folgt dem Winter nach.
In allen Stürmen,
in aller Not
wird er dich beschirmen,
der treue Gott.

Harre, meine Seele, harre des Herrn.
Alles ihm befehle, hilft er doch so gern.
Wenn alles bricht,
Gott verlässt uns nicht.
Größer als der Helfer ist die Not ja nicht.
Ewige Treue,
Retter in Not,
rett auch unsre Seele,
du treuer Gott." [24]

So ein tiefes Glaubenslied, mit nur zwei Strophen! Voller Zuversicht
und Hoffnung. Voll des Zuspruches. Aufstellend auch die Melodie,
die zusammen mit den Worten so richtig in die Zukunft trägt, eben,
dem Frühling entgegen!
Wir singen es und fühlen uns getröstet; wir singen es und richten
unsere Blicke vertrauensvoll in die Zukunft. So ein richtiges Lied für
heute, für diese Trauerstunde des Abschiedes.

---

24 Gesangbuch der Evangelisch-reformierten Kirchen der deutschsprachigen Schweiz 1998. Friedrich Reinhardt Verlag
Basel und Theologischer Verlag Zürich. Lied 694. Text: Johann Friedrich Raeder (1845) 1848; Melodie: César Malan
1827 / Essen 1848. – Der Liedtext ist angelehnt an Psalm 27,14 wo es heißt: „Harre des Herrn.", ähnlich Psalm 42,6:
„Harre auf Gott".

Doch: Woher mag dieses Lied in unser Gesangbuch, in unsere Gemeinden, in unsere Herzen gekommen sein? Wir spüren dem Dichter nach und stoßen auf Überraschendes. Da heißt es: Raeder, Johann Friedrich (1815-1872). Kaufmann, Gründer des Handwerkergesangvereins, Herausgeber eines Melodienbuches zum Gesangbuch 1846, Kirchenlieddichter und -komponist. Für unser geltendes Kirchengesangbuch konnte er jedoch nur ein einziges Lied beisteuern, mit dem er auch bekannt wurde, eben: „Harre, meine Seele, harre des Herrn. Alles ihm befehle, hilft er doch so gern.“

Wenn wir nun denken, dass dies ein professioneller Glaubensmann aus einem Hochgefühl der Überzeugung heraus verfasst hatte, dann liegen wir völlig falsch. Raeder war eben kein Pfarrer, Lehrer oder Kirchenmusiker, wie viele andere Liederdichter, sondern er stand als Kaufmann mitten im Gewühle des Lebens.

Das Lied ist zudem die Frucht einer schlaflosen Nacht im Jahre 1845 voller Bange und Unruhe um seine Existenz. Infolge unsicherer Transportwege aus Westindien musste er um seine Investitionen fürchten, da er den Farbstoff Indigo für die Färbereien in Wuppertal zu importieren gedachte.[25]

Was für Sorgen. Und was für eine Nacht. Diese Dunkelheit und Ungewissheit. Und dann steigt im Herzen solcher Glaube empor, solche Glaubensgewissheit, solcher Trost, Zuversicht, welche in die Zukunft weist!

Wir fühlen uns getragen, fast ein bisschen geschubst, vorwärtsgedrängt, schau nach vorne. Dort werden wir unsere lieben Vorausgegangenen wieder antreffen, und sie erwarten uns selig, befreit, erlöst.

Mögen wir einander verstehen im Schmerz und in der Trauer, das Trauerjahr durch, und mögen wir einander ermutigen und aufrichten mit den Worten des Liedes:

„Ein neuer Frühling folgt dem Winter nach. (…)
Wenn alles bricht, Gott verlässt uns nicht.“

---

25 SWR2 Lied zum Sonntag, 13. September 2015, „Harre meine Seele“, von Angela Rinn, Mainz, Evangelische Kirche.

Bedauert wurde immer wieder, dass das Lied nur zwei Strophen hat, bis eine dritte gefunden werden konnte, die da heißt:

„Harre, meine Seele, harre des Herrn.
Alles ihm befehle, hilft er doch so gern.
Bald höret auf
unser Pilgerlauf
und die Klagen schweigen, Jesus nimmt uns auf
nach allem Leiden,
nach aller Not
folgen ew'ge Freuden.
Gelobt sei Gott." [26]

Gott segne Euren Schmerz, liebe Angehörige; Er segne Eure Tränen, indem all die verwirklichte Liebe weiterlebt in Euren Herzen und in die Zukunft hinein Frucht trägt, in lieber Erinnerung und in treuem Andenken!

---

26 Reinhard Deichgräber, in: „Harre meine Seele, harre des Herrn", Liederschätze, Musik. 25. Mai 2022.
Jesus.de/medien/musik/harre-meine-seele-harre-des-herrn.

# Money, money, money …

Matthäus 6,19-24:
„Sammelt euch nicht Schätze auf Erden, wo Motte und Rost sie zerfressen, wo Diebe einbrechen und stehlen.
Sammelt euch vielmehr Schätze im Himmel, wo weder Motte noch Rost sie zerfressen, wo keine Diebe einbrechen und stehlen.
Denn wo dein Schatz ist, da ist auch dein Herz.
Das Licht des Leibes ist das Auge. Wenn dein Auge lauter ist, wird dein ganzer Leib von Licht erfüllt sein.
Wenn dein Auge böse ist, wird dein ganzer Leib finster sein. Wenn nun das Licht, das in dir ist, Finsternis ist, wie gross ist dann die Finsternis!
Niemand kann zwei Herren dienen. Denn entweder wird er diesen hassen und jenen lieben, oder er wird sich an jenen halten und diesen verachten. Ihr könnt nicht Gott dienen und dem Mammon."

Eines Nachts – so wird es vom fernöstlichen Geistlichen Mulla Nasrudin berichtet – sah er im Traum, wie ihm Münzen in die Hand gezählt wurden. Als er neun Silberstücke besass, stellte der unsichtbare Geber seine Wohltat ein und hörte damit auf, ihm Münzen in die Hand zu legen. „Ich muss zehn haben!" hörte Nasrudin sich selbst laut rufen, und er erwachte von seinem eigenen Geschrei.
Als er sich jedoch gewahr wurde, dass das ganze Geld verschwunden war, schloss er die Augen wieder und murmelte: „Also gut, gib sie her, ich bin auch mit neun zufrieden." [27]

Vielleicht ergeht es Euch beim Hören dieser Erzählung wie Eurem Prediger: Sofort solidarisiere ich mich mit Nasrudin und fühle mich durchaus ertappt in meinem Begehren nach mehr … Das wird wohl menschlich und verständlich sein, bis wir die Weisheit erlangen, auf das zu achten, was wir wirklich brauchen für unser Wohlergehen und unsere Zufriedenheit. Begehrlichkeiten, Gelüste und Versuchungen stellen uns immer wieder auf die Probe.

---

27 Nach der Erzählung „Neun Silberstücke?", in: Idries Shah, Die fabelhaften Heldentaten des vollendeten Narren und Meisters Mulla Nasrudin, Verlag Herder Freiburg im Breisgau 1984, Seite 98.

Auch können wir die einfache junge Frau Margarete (Gretchen) in Goethes Faust I gut verstehen, wenn sie beim Auffinden eines schönen Schmuckes begeistert ausruft:

„Was ist das? Gott im Himmel! Schau,
So was hab ich mein' Tage nicht geseh'n! (…)
Wenn nur die Ohrring' meine wären!
Man sieht doch gleich ganz anders drein."

… und sie abwägt, dass zur Schönheit schon noch ein gewisser Reichtum hinzukommen müsste, um erfolgreich durchs Leben gehen zu können:

„Was hilft euch Schönheit, junges Blut?
Das ist wohl alles schön und gut,
Allein, man läßt's auch alles sein;
Man lobt euch halb mit Erbarmen.
*Nach Golde drängt,*
*Am Golde hängt*
*Doch alles.* Ach, wir Armen!" [28]

Es zeichnet sich das gefährliche Glatteis auf dem Lebensweg ab, um das Jesus sehr wohl wusste und wovor Er uns bewahren will, wenn er in Seiner Bergpredigt klar ausspricht: „Ihr könnt nicht Gott dienen und dem Mammon."

Es ist jene Passage, die vor Habsucht warnt und das Gleichnis vom Auge beinhaltet (Matthäus 6,19-24). Der ganze Abschnitt ist auf Zweiheit ausgelegt.
Es ist von zwei Schätzen die Rede, den Schätzen auf Erden und den Schätzen im Himmel.
Es werden zwei Visionen des Auges genannt: Das Licht und die Finsternis.
Und es werden zwei Herren bezeichnet, denen gedient werden kann: Gott und dem Mammon.

---

28 Johann Wolfgang Goethe: Faust. Der Tragödie erster Teil. Herausgegeben von Lothar J. Scheithauer. Philipp Reclam jun. Stuttgart 1971. Verse 2790 ff.

Dreimal wird also in eindringlicher Form eine Zweiheit aufgeführt, von der ausgewählt werden kann; und es wird beherzt zur Entscheidung aufgerufen:
Schätze auf Erden oder Schätze im Himmel;
Licht oder Finsternis;
Gott oder Mammon.

Das ist nun eine sehr ernste Angelegenheit. Das syrisch-chaldäisch-aramäische Wort Mammon steht für den Geld-Gott. „Wo dein Schatz ist, da wird auch dein *Herz* sein", ruft Jesus uns zu! Es geht ums Leben, ums nachhaltige, ewige Leben.

Das ist wie ein heißes Eisen oder ein scharfes Schwert. Wir haben uns als Einzelne – und auch als Gesellschaft – immer wieder zu prüfen und die Marschrichtung festzulegen.

Geld ist wie eine internationale Sprache, die alle verstehen. Es gibt denn auch das Sprichwort:

„Redet Geld,
so schweigt die Welt."

Es gibt aber noch andere Werte, und auch andere Redewendungen in der Volksweisheit der Sprache:

„Was du mit Geld nicht bezahlen kannst,
bezahle wenigstens mit Dank."

In der Werbung für Schweizer Produkte werden zurzeit im Fernsehen die inneren Werte gepriesen. Den Kunden wird ans Herz gelegt, dass es auf diese ankommt. Lasst uns darauf achten. Nicht nur wegen der Moral, sondern auch wegen dem Sinn, und weil alles zusammenhängt, was Jesus genau wusste und uns in Seinem Reich sehen möchte.

Es mögen uns auch Worte in den Sinn kommen, mit denen wir aufgewachsen sind: „Man kann nichts mitnehmen." Und: „Das letzte

Hemd hat keinen Sack." Es kommt drauf an, was wir leben, wofür wir uns engagieren und einsetzen, Leben, das ins ewige quillt.

Ich schließe mit dem pragmatischen Ausspruch eines Friedensnobelpreisträgers, nämlich des 26. Präsidenten der Vereinigten Staaten von Amerika, Theodore Roosevelt (1858-1919):

„Tu was du kannst,
mit dem was du hast,
wo immer du bist."

# Sein Reich

Johannes 18,28-40:
Nun führten sie Jesus vom Haus des Kajafas zum Prätorium; es war früh am Morgen. Und sie selbst gingen nicht ins Prätorium hinein, um nicht unrein zu werden, denn sie wollten am Passamahl teilnehmen.
Also kam Pilatus zu ihnen heraus, und er sagte: «Welche Anklage erhebt ihr gegen diesen Menschen?» Sie antworteten ihm: «Wenn das kein Verbrecher wäre, hätten wir ihn nicht an dich ausgeliefert.»
Da sagte Pilatus zu ihnen: «Nehmt ihr ihn und richtet ihn nach eurem Gesetz.» Die Juden sagten zu ihm: «Uns ist nicht erlaubt, jemanden hinzurichten.»
So sollte das Wort Jesu in Erfüllung gehen, das er gesprochen hatte, um anzudeuten, welchen Tod er sterben sollte.
Da ging Pilatus wieder ins Prätorium hinein, liess Jesus rufen und sagte zu ihm: «Du bist der König der Juden?»
Jesus antwortete: «Sagst du das von dir aus, oder haben es dir andere über mich gesagt?»
Pilatus antwortete: «Bin ich etwa ein Jude? Dein Volk und die Hohen Priester haben dich an mich ausgeliefert. Was hast du getan?»
Jesus antwortete: «Mein Reich ist nicht von dieser Welt. Wäre mein Reich von dieser Welt, würden meine Diener dafür kämpfen, dass ich nicht an die Juden ausgeliefert werde. Nun aber ist mein Reich nicht von hier.»
Da sagte Pilatus zu ihm: «Du bist also doch ein König?»
Jesus antwortete: «Du sagst es. Ich bin ein König. Dazu bin ich geboren, und dazu bin ich in die Welt gekommen, dass ich für die Wahrheit Zeugnis ablege. Jeder, der aus der Wahrheit ist, hört auf meine Stimme.»
Pilatus sagte zu ihm: «Was ist Wahrheit?»
Und nachdem er dies gesagt hatte, ging er wieder zu den Juden hinaus, und er sagte zu ihnen: «Ich finde keine Schuld an ihm. Ihr seid es aber gewohnt, dass ich euch zum Passafest einen freigebe. Wollt ihr nun, dass ich euch den König der Juden freigebe?»

Da schrien sie wieder und wieder: «Nicht diesen, sondern Barabbas!» Barabbas aber war ein Räuber.

Das Volk schreit. Es hallt an unsere Ohren. Normalerweise begehrt das Volk Gerechtigkeit. Doch hier schreit es für eine Merkwürdigkeit: Es erhält am Passafest jeweils einen Gefangenen frei, aber nun will es lieber den Räuber Barabbas als Jesus, den «König der Juden».
Das Passafest ist wie unsere Ostern mit dem ersten Vollmond im Frühling verbunden, und es erinnert an den Auszug aus Ägypten (2. Mose 12) und somit an die Befreiung des Volkes Israel aus der Sklaverei – ein wichtiges, bedeutsames Freiheitsfest also.

Der für eine allfällige Verurteilung zuständige, nichtjüdische Statthalter (Präfekt) des römischen Kaisers Tiberius, Pontius Pilatus, traut dem Begehren des aufgebrachten Volkes nicht. Er sagt offen: «Ich finde keine Schuld an ihm.» Und er hofft, dass sich das Volk für die Freigabe von Jesus ausspricht, was jedoch nicht der Fall ist.
Ja, der Weg vom «Hosianna» [hebräisch הֹושִׁיעָה נָּא] am Palmsonntag zum «Kreuzige ihn!» am Karfreitag – obwohl Pontius Pilatus abermals betonte «Ich finde keine Schuld an ihm» –, dieser Weg ist kurz. Es ist also kein Verlass auf die Zustimmung anderer; der Weg muss für sich selbst gefunden sein und gegangen werden; drinnen, bei einem selbst, hat es zu stimmen; diese Zustimmung, dieses Stimmen ist wichtig; es ist die Stimme des Gewissens. «Jeder, der aus der Wahrheit ist, hört meine Stimme», sagt Jesus.

Der ganze verhängnisvolle Ablauf der Passionsgeschichte mag uns vor Augen führen, dass es eben noch andere Schätze gibt, Schätze aus einem anderen Reich, wie denn Jesus erklärt: «Mein Reich ist nicht von dieser Welt.»
«Reich», ein Wort, das wir doch auch vom «Unser Vater» (Matthäus 6,9ff.) her kennen, in dem wir es gleich zwei Mal aussprechen: «Dein Reich komme» und «Dein ist das Reich». Beim Evangelisten Matthäus, im selben Kapitel 6 wie das «Unser Vater», verweist Jesus eindringlich auf den himmlischen Vater, dessen Reich und

Gerechtigkeit zuerst zu suchen ist, «dann werden euch alle diese Dinge hinzugefügt werden». Das Kapitel endet mit dem dringenden Aufruf Jesu: «Sorget euch nicht um den morgigen Tag, denn der morgige Tag wird seine eigene Sorge haben.» (Matthäus 6,33f.)
Damit ist jedoch nicht Weltabgewandtheit gemeint, denn wir sollen hier und jetzt durchaus auch «Salz der Erde» und «Licht der Welt» sein. (Matthäus 5,13-16)

Wie einfach das auch klingen mag, so schwierig ist es manchmal umzusetzen im Alltagsleben. Jesus weiss das. Darum bekräftigt er gegen Ende Seines irdischen Lebens nochmals klar, dass Sein Reich nicht von dieser Welt ist (Johannes 18,36), sodass wir uns immer wieder daran orientieren können in unserem Leben, nämlich am tieferen Sinn, wo es nicht um rein Äusseres beschieden ist, sondern letztlich um Liebe, Gnade und Wahrheit. Das ist Sein Reich.
Es geht ums Existentielle, ums Sein, wie Jesus zu Thomas gesagt hatte: «Ich bin der Weg und die Wahrheit und das Leben. Niemand kommt zum Vater ausser durch mich.» (Johannes 14,6) Wir könnten auch sagen: Niemand kommt zum Vater ausser durch Liebe, Gnade und Wahrheit.

Gott wartet darauf. Er erwartet, dass sich dies in unserem Leben vollzieht und erfüllt. Er arbeitet daraufhin in unserem Alltag und auch in der Stille der Nacht, im Schlaf und in den Träumen. Und zu wissen, dass Er es gut mit uns meint, dass Er uns entgegenkommt, der liebende, gnädige und vergebende Gott – das zu wissen, nicht nur unbestimmt zu glauben, sondern es durch die Zusage Jesu zu wissen, das darf uns froh machen, denn das ist gute Nachricht, Evangelium!
Beginnen wir damit ruhig im Kleinen, jeden Tag. Vergessen wir nicht, dass Jesus das Himmelreich mit dem kleinen Senfkorn verglichen hat, das kleiner ist als alle anderen Samenarten, aber wenn es herangewachsen ist, dann ist es grösser als die Gartengewächse und bildet einen Baum, «sodass die Vögel des Himmels kommen und in seinen Zweigen nisten.» (Matthäus 13,31-32)

Jesus ruft uns zum Leben spendenden Baum, und Er macht uns selbst zu einem solchen, sodass Leben sich ereignet, das ins Ewige hinein quillen kann. Diese Botschaft ist nicht gestorben; sie lebt dann immer wieder ganz neu von Ostern her.

Zum Schluss dieser Predigt vielleicht eine kleine Erzählung aus einem anderen Kulturkreis. Sie steigt mir im Sinn empor, wenn ich an die Andersartigkeit Seines Reiches denke, das nicht von dieser Welt ist. Sie trägt den Titel «Was darin ist», und sie geht so:

Ein Bektashi[29] Derwisch[30] war wegen seiner Frömmigkeit und offensichtlichen Tugend hoch angesehen. Immer, wenn er gefragt wurde, wie er so heilig geworden sei, antwortete er: «Ich weiss, was im Koran ist.»
Eines Tages hatte er gerade einem Fragesteller in einem Kaffeehaus auf diese Weise geantwortet, als ihn ein Narr fragte: «Nun, was *ist* also im Koran?»
Der Bektashi antwortete: «Im Koran sind zwei gepresste Blumen[31] und ein Brief meines Freundes Abdullah.» [32] [33] [34]

---

29 Einer der grössten und einflussreichsten Orden in Anatolien und auf dem Balkan.
30 Angehöriger einer muslimischen asketisch-religiösen Ordensgemeinschaft (tariqa), die im Allgemeinen für ihre Bescheidenheit und Disziplin bekannt ist.
31 Blumen mit ihrer Schönheit und Zerbrechlichkeit haben den Menschen schon immer fasziniert. Im Islam nimmt dies eine tiefere Dimension an; Blumen werden zu Symbolen des Glaubens, der Hingabe und der Spiritualität (Decorateur-oriental.fr/de/blogs/culture-arabe/fleurs-islam).
32 Idries Shah: Die Weisheit der Narren. Meistergeschichten der Sufis. Herder Freiburg, Basel, Wien. Zweite Auflage 1986 (1983), Seite 124. (Titel der englischen Originalausgabe: Wisdom of the Idiots, The Octagon Press, London 1979. Aus dem Englischen übersetzt von Dr. Ursula Schottelius).
33 Die Sufis sprechen von Gott als dem „Freund" (dūst); siehe: „Freundschaft" in den Augen der Sufis, von Dr. Alireza Nurbakhsh (Diegluecksbringer.com/dr-alireza-nurbakhsh2017 / Nimatullahi-sufihaus.org/freundschaft-von-a-nurbakhsh).
34 „Abdullah" [عبد الله] bedeutet im Arabischen „Diener Gottes".

# Ecce homo

Johannes 19,4-7:
Und Pilatus ging wieder hinaus, und er sagte zu ihnen: «Seht, ich führe ihn zu euch hinaus, damit ihr erkennt, dass ich keine Schuld an ihm finde.»
Da kam Jesus heraus; er trug die Dornenkrone und den Purpurmantel. Und Pilatus sagt zu ihnen: «Da ist der Mensch!»
Als ihn nun die Hohen Priester und die Gerichtsdiener sahen, schrien sie: «Kreuzigen, kreuzigen!»
Pilatus sagte zu ihnen: «Nehmt ihr ihn doch und kreuzigt ihn! Ich finde keine Schuld an ihm.»
Die Juden antworteten ihm: «Wir haben ein Gesetz, und nach dem Gesetz muss er sterben, denn er hat sich zum Sohn Gottes gemacht.»

Vor Jahrzehnten stand in der Weihnachtszeit zu unserer Überraschung der Satz an eine Wand gekritzelt: «Mach's wie Gott: Werde Mensch!»
Wir waren angetan von diesem Aufruf, der uns in gelungener Weise wieder mal ans Menschsein erinnerte, und nicht dieses ewige, unerreichbare engelhafte Auftreten, zu dem der Philosoph Blaise Pascal (1623-1662) einmal gesagt haben soll: «Je engelhafter der Mensch sein will, desto mehr gleitet er ins Tierische ab.»[35]

Es geht also schon ums Menschsein, und hier in einer völlig neuen Dimension, nämlich darum, dass Gott Mensch wurde, was wir in der Weihnachtszeit gefeiert haben. Umso mehr mag es uns betroffen machen, dass im johanneischen Bericht vom Prozess und der Verurteilung Jesu an zentraler Stelle gesagt wird und geschrieben steht: «Da, seht den Menschen!»
Im griechischen Urtext: idoù ho ánthropos [ἰδοὺ ὁ ἄνθρωπος], was dann in der berühmt gewordenen lateinischen Übersetzung lautet: «Ecce homo!» Übersetzen kann man auch mit: «Sehet, welch ein Mensch!» Im Englischen zuweilen: «Behold, the man!» Deutlicher kann man es nicht hervorheben: Ein *Mensch* steht hier!

---

35 «Der Mensch ist weder Engel noch Bestie, und sein Unglück ist, dass er um so bestialischer wird, je mehr er ein Engel sein will.» (Blaise Pascal)

Was sich an Weihnachten so idyllisch angehört hat – und es auch nicht war – wird hier gewissermassen auf den Prüfstand gehoben und dem Ernstfall unterstellt. Nach der Geisselung, mit der Dornenkrone auf dem Kopf, steht der gedemütigte Jesus da.[36] Angeklagt wegen Gotteslästerung, und vom nicht-jüdischen römischen Statthalter Pontius Pilatus in Schutz genommen, da er keine Schuld an ihm gefunden hatte. Doch

der religiöse Wahn nahm seinen Lauf. Es geht nicht immer nach der Gerechtigkeit. Es geht nicht immer nach der Wahrheit. Pontius Pilatus hatte sich wiederholt dafür eingesetzt. Doch Fanatismus, Selbstgerechtigkeit, Volkszorn und das Sündenbockverlangen haben überwogen. Die Dinge nahmen ihren Lauf. Es ging von Palmsonntag rasant auf Karfreitag zu.

Wir leben in der Passionszeit, und wir sind berührt von diesem zentralen Hinweis auf das Menschsein Gottes in der Leidensgeschichte Jesu. «Da, seht den *Menschen*!» Und wir erinnern uns: «Mach's wie Gott, werde Mensch!»

Wir müssen nicht Engel werden. Wir können Menschen sein. Und glücklich, wenn wir unseren Schutzengel bei uns wissen dürfen. Als Menschen öffnen wir uns der göttlichen Dimension, die sich hier nochmals in aller Tiefe zeigt: Wir haben keinen fernen Gott. Er offenbart sich uns auch im Menschen Jesus von Nazareth, der hier völlig wehrlos steht und die Schmach auf sich nimmt.

Mit dieser Demut und Nächstenliebe können wir uns gut identifizieren, können uns ins Geschehen hineinstellen, fühlen uns vom Verstehenden verstanden – und solidarisieren uns mit den Unverstandenen und Ungeliebten. Wir dürfen auch unsere Fehler erkennen und zu ihnen stehen.

---

36 Bild: „Ecce Homo", Ölgemälde auf Leinwand, von Lovis Corinth, 1925. Ort: Kunstmuseum Basel. Quelle: De.wikipedia.org/wiki/Datei:Corinth_Ecce_homo.jpg.

Im täglichen Leben machen wir immer wieder die Beobachtung, wie sehr Menschen bemüht sind, keine Fehler zu machen – vor allem auch in der Arbeitswelt, in der Fehler gleich mal schmerzliche Konsequenzen nach sich ziehen können. Das entbehrt jeder Menschlichkeit. «Ganz perfekt würden wir auch Sie nicht aushalten», so rief ich es letzthin jemandem zu, als ein Fehler bekannt und berichtigt werden musste. Wie ich das meine? So wurde zurückgefragt. Und die Erleichterung, als ich betonte, es sei tröstlich, wenn andere auch nicht perfekt seien.

Ja, wir Menschen sind in Gottebenbildlichkeit gemacht; und Gott ist für uns Mensch geworden. Wir in Gott, und Gott in uns. An dieser Stätte, wo Gott wohnt. Und überall, wo wir uns befinden und unsere Gedanken hinreichen.
Mag uns das Lied in den Sinn kommen, welches Peter Alexander (1926-2011) so eindrücklich vorgetragen hat: «Hier ist ein Mensch»:

«Kennst du seinen Namen?
Seinen Namen kennst du nicht.
Sieh zu ihm hinüber,
und dann kennst du sein Gesicht.

*Hier ist ein Mensch*,
schick ihn nicht fort.
Gib ihm die Hand,
schenk ihm ein Wort.»

Ja, «mach's wie Gott, werde Mensch». Das Leiden und die Zurschaustellung Jesu ruft uns dazu auf, uns zu lösen von verbohrten Vorstellungen und von Selbstgerechtigkeit, und auch zu uns als Menschen zu stehen. Auch anderen Menschen die Hand zu reichen. Nicht Engel sein zu wollen, damit wir nicht ins Tierische abgleiten. Sondern Mensch sein. Hier und jetzt. In der Ebenbildlichkeit Gottes und in der Gnade Jesu Christi.

# Nochmals: An den Flüssen Babylons – Unverstanden

Psalm 137,1-6 (Text nach der Volx-Bibel):
In Babylon, da wurden wir fertiggemacht,
haben oft geweint und an Zion gedacht.
Dort hängten wir die Instrumente an den Nagel.
Doch von unseren Feinden kam ein Worthagel,
sie wollten von uns Gute-Laune-Lieder hören,
aber das tat uns gewaltig stören.
Wir können Gott hier keine Songs bringen,
in Gefangenschaft keine Lieder singen.
Jerusalem, du bist die tollste Stadt von allen,
dich zu vergessen wäre, wie auf den Mund zu fallen.

Vor einiger Zeit schon mal zur Sprache gebracht, regt mich die
Liederauswahl des heutigen Chores zum erneuten Thema an:
«Nochmals: An den Flüssen Babylons»; damals mit der Beifügung
«Fern der Heimat», nun mit der Zusatzbemerkung «Unverstanden».

In meiner ganzen Seelsorgetätigkeit – und durchaus auch im
eigenen Erleben – stand immer wieder im Zentrum das Verstehen
des Lebenslaufes (ja, das Leben ist ein Lauf!) und das
Verstandenwerden. Nur so können wir Halt finden im Jetzt. Nur so
können wir im Zwiegespräch mit Gott und mit Seiner Hilfe heilsame
Linien in die Zukunft ziehen. – Das grässliche Gegenstück ist das
Alleinsein, das Unverstandensein, das Abgeschnittensein vom
Leben; ohne Zukunftsvision, ohne Ziel, ohne Sinn.

Wenn blutjunge Menschen in der elektronischen Seelsorge die
bange Frage stellten: «Was für einen Sinn macht mein Leben?»,
eine der häufigsten Fragen von 12-, 13-, 14-Jährigen, dann durfte
ich oft die Antwort geben:
Das Leben ist nicht nur ein Lauf, sondern auch eine Geschichte; wir
reden ja auch von der Lebensgeschichte. Nun wollen wir schauen,
dass Du immer wieder in einer guten Geschichte lebst, dann musst
Du Dich an keinem Morgen, an dem Du aufstehst, fragen, wofür Du
lebst. Der Lebenssinn liegt in unserer Aufgabe, in unserem Tun,

und wir dürfen ihn stets aufs Neue suchen, finden und festlegen. Er kann auch im Lobe Gottes, im sinnreichen, tollen Gesang liegen, wie das im Jahr 1978 die Disco-Gruppe Boney M. mit dem absoluten Hit «Rivers of Babylon» praktizierte.

Das Lied beruft sich auf die vernommenen Worte vom Psalm 137 «An den Strömen Babels», und wie es weitergeht: «An den Strömen Babels, da sassen wir und weinten». Umrissen ist damit die geografische und symbolische Landschaft des babylonischen Exils. Der Psalm beschreibt Leid und Hoffnung an den Flüssen Euphrat und Tigris in der Zeit zwischen 597 und 539 vor Christi Geburt, nachdem das Königreich Juda durch die Babylonier erobert und der Tempel in Jerusalem zerstört worden war.
Normalerweise wurde nach einer Unterwerfung jeweils der Gott der Siegernation übernommen. Das wäre hier Marduk gewesen, der Reichs- und Schöpfergott der Babylonier (wie beschrieben im Weltschöpfungsmythos Enuma Eliš). Doch, eindrücklich wie es Psalm 137 und das Lied benennen und besingen: Die Exilierten halten an ihrem Gott fest, denn sie anerkennen die Verschleppung als Folge des Abfalls von Gott, wie es die Propheten Jeremia, Ezechiel und Jesaja als Verständnis-Vorlage geliefert hatten.

An Jahwe wurde festgehalten, indem das Exil nicht nur als Strafe, sondern auch als Chance zur Läuterung begriffen wurde. Also: Krise als Ausweg aus dem Schlamassel! Das ist nicht leicht. Viele Tränen gilt es zu überwinden; Selbstzweifel müssen gemeistert werden; das Licht hereinlassen und neu anfangen; Konsolidierung des Glaubens.
Genau *das* ist geschehen: Es wurde weitergebetet, weiterhin gearbeitet an der kulturellen und religiösen Identität – und es entstanden später Werke wie die Mischna (der Gesetzeskodex) und der Talmud (die Sammlung der einst mündlich überlieferten Lehre).

Und das alles nachdem Teile des Volkes die Verhöhnung der Opfer erleben musste, denn sie sollten, der Freiheit beraubt, ihre schönen Gottes-Lieder als «Gute-Laune-Lieder» singen!
Nicht selten werden Opfer zu allem Leid hinzu in sadistischer Weise

noch lächerlich gemacht. Heute geschieht das zunehmend über Social-Media. Da geht es oft auch um Macht und Unterwerfung.
Das verschleppte Volk erinnert sich an Jerusalem, seinen Tempel und Gott, der die Welt nicht nur geschaffen hat, sondern auch über unserem Leben wacht, selbst in der Nacht … Rund 50 Jahre dauerte das in Babylon, bis der persische König Kyros der Grosse die Rückkehr und den Wiederaufbau des Tempels erlaubte. Viele taten das; andere blieben.

Dieses schwere Ereignis in der Geschichte des Gottesvolkes können wir als Vorlage für die Gestaltung des eigenen Lebens nutzen. Ich würde zwar nicht jeden Schicksalsschlag als eine Strafe Gottes deuten. Und das Wort «Jeder ist seines eigenen Glückes Schmied»[37] hat meines Erachtens nur bedingte Gültigkeit und ist mit Vorsicht anzuwenden.
Aber: Schwere Zeiten können sehr wohl der Selbstprüfung, der Neuorientierung und der persönlichen Läuterung dienen. Sie können uns auch dazu anhalten, an Gott festzuhalten, etwa im Sinne eines anderen Liedes, das da heisst:

«Von Gott will ich nicht lassen,
denn Er lässt nicht von mir,
führt mich durch alle Straßen,
da ich sonst irrte sehr.
Er reicht mir Seine Hand;
den Abend und den Morgen
tut Er mich wohl versorgen,
wo ich auch sei im Land.» [38]

---

37 Die Redewendung „Jeder ist seines eigenen Glückes Schmied" war schon bei den alten Römern bekannt. Bereits im dritten Jahrhundert vor Christus soll der damalige Politiker Appius Claudius Caecus sie verwendet haben. Noch heute prägt sie unsere Auffassung vom eigenen Glück. (Geo.de/geolino/redewendungen/4635-rtkl-redewendung-jeder-ist-seines-glueckes-schmied).
38 Gesangbuch der Evangelisch-Reformierten Kirchen der deutschsprachigen Schweiz, Basel und Zürich 1998. Liednummer 671, Strophe 1. Der Text von Ludwig Heimbold 1563 stammt aus der Zeit der Gegenreformation.

## Im Haus des Herrn

Wir schauen die Verse vier bis sechs des bekannten Psalms 23 an.
Zuerst nach der Übersetzung der Zürcher Bibel[39]:

«Wandere ich auch im finstern Tal,
fürchte ich kein Unheil,
denn du bist bei mir,
dein Stecken und dein Stab,
sie trösten mich.
Du deckst mir den Tisch
im Angesicht meiner Feinde.
Du salbst mein Haupt mit Öl,
übervoll ist mein Becher.
Güte und Gnade werden mir folgen
alle meine Tage,
und ich werde zurückkehren ins Haus des Herrn
mein Leben lang.»

In den geistlichen Gedichten von Rudolf Alexander Schröder[40] findet
sich diese alttestamentliche Passage so wiedergegeben:

«Er wehret dem Schrecken,
Er gibt mir Geleite,
Mein Stab und mein Stecken,
Auf dass Ihm zur Seite
Kein Strauchelnder irrt:
Der Herr ist mein Hirt.

Er wird, was mich quäle,
Vergleichen und stillen.
Er lenkt mich ohn' Fehle
Dem Namen zu willen,
Der alles regiert:
Der Herr ist mein Hirt.

---

39 Zürcher Bibel 2007. Genossenschaft Verlag der Zürcher Bibel beim Theologischen Verlag Zürich. Psalm 23,4-6.
40 Rudolf Alexander Schröder: Der dreiundzwanzigste Psalm. Die geistlichen Gedichte. Drittes Buch / Aus dem Psalter, Seite 2521. (Aufgeführt in: Spuren des Wortes, von Herbert Vinçon, Biblische Stoffe in der Literatur, Band 3, Seiten 400-401).

Er salbt mich mit Öle,
Er heilet den Schaden
Und schenkt, bis die Seele
Der Hulden und Gnaden
Ersättigung spürt:
Der Herr ist mein Hirt.

Schenkt Frieden und Güte
Und will, wenn ich sterbe,
Dass droben die Hütte,
Die schöne, zum Erbe
Dem Hoffenden wird:
Der Herr ist mein Hirt.»

Und schliesslich in der Umgangssprache, der Gassensprache nach
der sogenannten Volx-Bibel[41]:

«Und wenn ich mal keinen Ausweg sehe,
mich die Depression packt wie 'ne dunkle Wolke,
hab ich dennoch keine Angst.
Denn ganz egal, wie verfahren die Situation auch ist,
vertrau ich Ihm, weil Er mich sicher wieder rauszieht,
aus dem Mist.
Und die Krönung ist, Er setzt sogar noch einen drauf:
Er bereitet vor mir ein Buffet,
so lang wie 'n Reihenhaus und das,
obwohl alles um mich herum nach Kampf aussieht.
Er spricht 'nen Spruch auf mich aus, weil Er mich nie aufgibt.
Es kommt noch besser, Er rollt den roten Teppich vor mir aus,
Er ehrt mich, denn ich nehme Anteil an Seinem Haus.
Mein Leben lang gibt Er mir Gutes und hält nie was zurück.
Nur bei Ihm bin ich zu Hause, in jedem Augenblick!
Ein Psalm von David, explosiver als organisches Peroxid[42].»

---

41 Quelle: App Volxbibel. Pattloch Verlag GmbH & Co. KG, München 2009.
42 Peroxide fungieren häufig als Katalysatoren oder Härter, die chemische Reaktionen beschleunigen oder Materialien verfestigen.

Gerade an der Verschiedenheit dieser Übersetzungen und Übertragungen in unsere heutige Sprache erkennen wir, welche Kraft in dieser Botschaft der Bibel steckt!

Es geht ums Unterwegssein, ums Behütetsein; sowie ums Bleiben, ums Aufgehobensein. Da schwingt Sicherheit mit; es geht um die Security. Und ums Wohnen. Gerade in der heutigen Zeit, in der es schwierig geworden ist, eine passende, bezahlbare Wohnung zu erhalten, wird uns der Wert sicheren Wohnens noch stärker bewusst.

Unsere Alltagssprache kennt die Redewendung zum Gegenstück: «Ganz us em Hüsli sii». Das bedeutet nicht mehr bei Trost sein.
Wir sagen auch bei einschneidenden Lebensveränderungen «das ganze Haus auf den Kopf stellen». Oder für Vorpreschen: «mit der Tür ins Haus fallen».
Einen Nahestehenden können wir «altes Haus» nennen, und bei Zufriedenheit heisst es: «My home is my castle» («Mein Zuhause ist mein Schloss»).
Ein behäbiges Sprichwort sagt: «Es gehen viele Freunde in ein kleines Haus».
Wohnen heisst im Alt-Dialekt «huusen». So haben wir es früher jedenfalls von älteren Bewohnern noch sagen gehört: «huuse».

Das ist also sehr wichtig. Dass wir unseren Platz haben. Und überhaupt: *Dass* wir Platz haben, Raum und Bewegungsfreiheit, uns sicher fühlen und unser Leben entfalten können; wirken mit den uns gegebenen Fähigkeiten; uns einbringen können ins Große-Ganze, wie beim Bau eines grossen Hauses.

Nun ruft uns die Bibel sehr deutlich zu: Im Himmel herrscht kein Wohnungsmangel; im Hause des Herrn ist kein Platzmangel. Dort, wo Ewigkeit herrscht, dort kannst Du bleiben Dein Leben lang. Dort bist Du willkommen, erhältst Kraft die Fülle – und das ist beileibe nicht irgendeine Zugabe, sondern schon mal das Wichtigste fürs Leben!

Die Bibel spricht das expressis verbis – ausdrücklich – als Tatsache aus. Bezeichnenderweise in seinen Abschiedsreden an die Jünger nimmt Jesus ihnen die Angst, dass das Heil nicht für alle reichen könnte, und er ruft den Seinen entgegen: «In meines Vaters Hause sind viele Wohnungen.»[43] [44] Viele Wohnungen, lateinisch «mansiones», das bedeutet: feste, beständige Wohnsitze! Da hat's bleibenden Platz. Da kannst Du Dich einrichten.

Schön klar übersetzt diese Passage auch die «Volxbibel»:

«Denn da, wo mein Vater wohnt, gibt es viele Häuser,
in denen man einziehen kann.
Ich geh vor und mach für euch schon mal alles klar!»

Daraus ergibt sich alles Weitere. Du darfst und sollst – das ist nicht nur eine Gabe, sondern auch eine Verantwortung – mit beiden Füssen auf dem Boden ankommen, den Weg abtasten, das Ziel herausfinden … und Weisheit und Kraft tanken; es ist auch anzustreben und zu erreichen. Das Leben ist ja so bunt und vielfältig.

Und Du sollst das im Zeichen des Kreuzes tun, beim Spüren der Vertikalen, der Gottesverbindung, sowie der Horizontalen, der Menschenverbundenheit. «Dienet dem Herrn mit Freuden!» (Psalm 100,2)

Und wenn Dich etwas quält; schlimmer noch: Wenn Du Dich unverstanden und allein fühlst, dann pack diesen 23. Psalm und gehe ihn Schritt für Schritt durch, zusammen mit König David … und Du wirst Dich als Teil des wandernden Gottesvolkes[45] und darin aufgehoben fühlen.
Im besten Fall wirst Du sogar einmal über Dich selbst lachen und denken: Wie konnte ich nur! Ja, wie konnte ich mir nur so viele

---

43 Johannes 14,2
44 «Die Versicherung der vielen Wohnungen bei Gott bekämpft die religiöse Platzangst der Jünger, die Furcht, dass das Heil nicht für alle reicht.» Ralph Kunz, «Homestory mit Gott», in: notabene, Zeitschrift für die Mitarbeitenden der Zürcher Landeskirche; Nr. 4, Mai 2024, Seite 11.
45 Der Ausdruck geht ursprünglich auf den Kirchenvater Augustinus zurück (De.wikipedia.org/wiki/Wanderndes_Gottesvolk).

Sorgen machen! Es ist ja Einer da, Der über mir wacht, bei Tag und
bei Nacht.

Oder, wie es jemand ins Internet geschrieben hat:

«Ich kenn einen Engel, der gehört nur zu dir,
und wenn du ihn rufst, dann ist er gleich hier.

Er hört dich im Dunklen, er hört dich bei Nacht.
Er hört, wenn man weint, er hört, wenn man lacht.

Er hört dich bei Sonnenschein und auch bei Regen,
wo immer du lang läufst auf all deinen Wegen.

Er kommt, wenn du krank bist, und macht dich gesund,
er vertreibt alles Schwarze und macht die Welt bunt.

Ein Engel beschützt mich, hält über mir Wacht.
Er ist immer um mich, bei Tag und bei Nacht.

Ich kann ihn nicht sehen, doch er hört mir zu
er passt auf mich auf, was immer ich tu...»

Und dazu geschrieben: «Ich denke daran sollten wir alle im Moment
gaaaanz fest glauben... Drücke euch...»

So denke ich auch, und ich rufe Euch von Herzen «Amen!» zu.

# Das Evangelium – Eine Abschiedspredigt

Psalm 22,20.23-26a:
«Du, Herr, sei nicht ferne!
Du meine Stärke, eile mir zu helfen!
Verkünden will ich Deinen Namen
meinen Brüdern und Schwestern;
inmitten der Gemeinde will ich Dich preisen:
Die ihr den Herrn fürchtet, preiset Ihn!
Ihr alle vom Stamme Jakobs, ehret Ihn!
Denn er hat nicht verachtet noch verabscheut
des Elenden Elend
und nicht Sein Angesicht vor ihm verborgen,
und da er zu Ihm schrie, hat er ihn erhört.
Dir danke ich's, dass ich lobpreisen kann
in grosser Gemeinde.»


Vor einigen Jahrzehnten schon wurde die damals junge Pfarrperson im Kurort Klosters GR von ebenfalls jungen Gästen, Feriengästen aus dem sogenannten «Unterland», gefragt: «Wie können Sie diesen Beruf ausüben?» Die Neugierigen erhielten zur Antwort: «Ich habe nur das Evangelium, die gute Botschaft, zu verkündigen; das fällt mir nicht schwer.»

Ja, das Evangelium, die gute Botschaft. – Eigentlich sind es *zwei* Ausdrücke, in *einem* Wort vereint: Ev-angelium [griechisch εὐαγγέλιον]. «Angelium» erinnert an den Engel, den Boten; es ist also die Botschaft.
Und «Ev, eu» kennen wir von anderen Worten her sehr wohl: Der Eu-gen ist der Wohl-geborene. Der Eu-kalyptus ist nach seinem haubenartig geschlossenen Blütenkelch benannt und heisst der Wohl-verhüllte. Und die Eu-phorie ist die Gut-gestimmtheit.[46]
Also alles «sehr okay»; wir könnten es auch englisch sagen: «very okay», und mit dem Synonym: «very fine».

---

46 Duden. Das Herkunftswörterbuch. Etymologie der deutschen Sprache. 4. Auflage, Band 7. Dudenverlag Mannheim, Leipzig, Wien, Zürich 2007. Seite 191.

Völlig auf die Spitze getrieben hat das in seiner Verkündigung der erfolgreiche Apostel Paulus. In seinen neutestamentlichen Briefen an die Gemeinden ist der Begriff «Evangelium» ganze 60 mal anzutreffen.

Schon am Anfang des Römerbriefes, des Briefes an die Christen in Rom, hält er mit seinen ersten Worten der Selbstvorstellung fest: «Paulus, Knecht Jesu Christi, berufen zum Apostel, ausgesondert zur Verkündigung des Evangeliums Gottes … an alle Geliebten Gottes und berufenen Heiligen, die in Rom sind. Gnade sei mit euch und Friede von Gott, unsrem Vater, und dem Herrn Jesus Christus!» (Römerbrief 1,1ff.)

Verschärft wird diese Aussage durch ihn, den Apostel Paulus, in seinem ersten Brief an die Gemeinde in Korinth (2,2): «Ich beschloss, nichts unter euch zu wissen als Jesus Christus, und zwar als gekreuzigten.» Im Kontext ist klar ersichtlich, dass es dabei um die «Erweisung von Geist und Kraft» geht, um die Gotteskraft, und nicht um Menschenweisheit. «Wir reden Gottes Weisheit», fährt Paulus fort, «Gottes Weisheit in einem Geheimnis, die verborgene, die Gott von Ewigkeit her zu unsrer zukünftigen Herrlichkeit vorherbestimmt hat.»

Und dann das grosse Zitat aus dem Alten Testament (Jesaja 64,4) und vom Kirchenvater Origenes:

«Was kein Auge gesehen und kein Ohr gehört hat
und keinem Menschen ins Herz emporgestiegen ist,
was alles Gott denen bereitet hat, die ihn lieben».

Es geht also nicht um Menschenweisheit, sondern um *Offenbarung*, nicht um etwas Erarbeitetes, sondern um etwas Empfangenes, etwas Geschenktes! Es geht nicht um den hohen menschlichen Intellekt, sondern um die Kraft Gottes, um die Gabe des Heiligen Geistes!

Köstlich alltäglich bringt uns die Volxbibel (1. Korinther 2,1-5) dieses Anliegen des Apostels nahe:

«Also, ihr Lieben, als ich neulich bei euch gewesen bin, hab ich ja nun echt nicht den weisen Macker markiert oder versucht, euch mit guter Rhetorik die Sachen von Gott zu erklären. Mir war vor allem wichtig, nur von Jesus zu reden und warum er an einem Kreuz hingerichtet wurde.
Und dabei war ich echt mies drauf und hatte auch echt Panik. Was ich euch dann gesagt habe, war ziemlich einfach. Ich habe nicht versucht, euch mit rhetorischen Mitteln weichzuklopfen. Was bei euch funktioniert hat, war die Kraft, die durch den *heiligen Geist* gekommen ist.
Ich habe das absichtlich gemacht, denn ich wollte nicht, dass eure Beziehung zu Gott auf menschliches Gelaber gebaut ist. Ihr solltet euer Vertrauen auf Gottes Power setzen.»

Immer wieder wird die paulinische Aussage getoppt, so auch im ersten Kapitel des Galaterbriefes (1,11-12):

«Ich tue euch nämlich kund, dass das von mir verkündigte Evangelium nicht von menschlicher Art ist; denn ich habe es auch nicht von einem Menschen empfangen noch gelernt, sondern durch eine Offenbarung Jesu Christi.»
So durfte es denn auch jener in Klosters gefragte junge Pfarrer das ganze Berufsleben – bis hierher nach Dättlikon ZH[47] – hindurch halten, dass er sich an der guten Nachricht, an der frohen Botschaft, am Evangelium Jesu Christi orientierte, ja orient-ierte, den Blick unentwegt zum Orient, dem Sonnenaufgang, gerichtet zum Licht, das über den Tag hinweg ausströmt.
Ermutigung sprach ihm oft der kunstvoll in den Serneuser Kanzelstuhl geschnitzte Vers des Apostels aus dem 2. Brief an Timotheus (4,2) zu, der da heisst: «Predige das wort. Halt an. Es sey zu rechter Zeit, oder zur unzeit. Straffe, drüwe, ermahne mit aller Gedult u. Lehre.»[48]
Oder wie die neutestamentliche Passage später übersetzt wurde:
«Verkündige das Wort, tritt dafür ein, zur Zeit oder Unzeit,

---

47 Bild: In der Kirche Dättlikon ZH, 23. Juni 2024 © Tanja Klingler, Präsidentin der Evang.-ref. Kirchgemeinde Dättlikon-Pfungen ZH.
48 Jakob Vetsch: Das Gotteshaus zu Serneus. Eine Festschrift Herausgegeben von der Evangelisch-Reformierten Kirchgemeinde Klosters-Serneus. 2. Auflage 2004 (1979). Seiten 44 und 45.

widerlege, tadle, bitte in aller Geduld, wo die Lehre es gebietet!»[49]
Vor allem tröstlich zu wissen, immer wieder: «Zur Zeit oder zur Unzeit». Ob's Zuspruch gibt, oder Ablehnung. Es geht nicht um den Predigenden. Es ist nicht menschliche Klugheit.

Im Gegenteil, in den Augen der Welt durchaus eine Torheit. Es ist nichts Erdachtes. Es ist Offenbarung. Vielleicht am Schönsten formuliert findet sich das Evangelium Gottes (in Anlehnung an das berühmte Johannes-Wort, 1. Johannesbrief 4,16) im Werk «Der lebendige Gott» von François Mauriac:

«Der Menschensohn ist gekommen, um zu suchen und zu retten, was verloren war. Er hat uns das selbst gesagt. Den lebendigen Gott, den er uns als den Vater, als unseren Vater offenbart hat, kennen wir noch unter einem anderen Namen, der sein eigentliches Wesen ausdrückt, der überall zwischen den Zeilen des Evangeliums und hinter allem steht, was der Sohn vom Vater sagt … 'Gott ist die Liebe'. Nicht wir haben Gott geliebt, sondern er hat uns geliebt. Der lebendige Gott ist die lebendige Liebe.»[50]

Dass wir in dieser Liebe bleiben – und sie in uns –, darum können wir uns jeden Tag neu bemühen und sie uns schenken lassen. Es ist nicht so, dass wir immer angestrengt etwas schaffen, etwas erreichen sollten – vielmehr können wir uns geben lassen, das Herz und die Hände öffnen, aufnehmen, annehmen, und es fröhlich weiterreichen.

---

49 Zürcher Bibel 2007. Genossenschaft Verlag der Zürcher Bibel beim Theologischen Verlag Zürich. 2. Timotheusbrief 4,2.

50 François Mauriac: Der lebendige Gott. Vom Geheimnis meines Friedens, Seite 127 (vgl. 1. Johannes 4,16). – Zitiert in Herbert Vinçon: Spuren des Wortes. Biblische Stoffe in der Literatur. Band 2. J.F. Steinkopf, Stuttgart Hamburg 1989. Seite 427.

# Fleißig im Geist

Römerbrief 12,11:
«Im Eifer seid nicht lässig, im Geist feurig, für den Herrn zum Dienst bereit!» (Zürcher Bibel, 1955 / 1971)
«In der Hingabe zögern wir nicht, im Geist brennen wir, dem Herrn dienen wir.» (Zürcher Bibel, 2007)
«Seid nicht träge in dem, was ihr tun sollt. Seid brennend im Geist. Dient dem Herrn.» (Lutherbibel, 2017)
«Ihr sollt nicht lame werden, wenn es ums Beten geht. Lasst euch von Gottes genialer Kraft abfüllen und macht euch immer gerade vor Gott.» (Volxbibel, 2012)

Beim Blick in die heutige Tages-Losung fällt eine Wort-Kombination auf, der wir nicht häufig begegnen. Je nach Übersetzung heisst es da: «feurig im Geist, brennend im Geist, fleissig im Geist».
Es handelt sich um ein richtiges Motivationsschreiben des Apostels Paulus an die Christen in Rom. Er möchte Ansporn geben, Impetus und Triebkraft vermitteln, um aus der unendlichen Kraft des Heiligen Geistes zu tanken und in der Nachfolge Jesu Christi Gutes zu tun.

Allerdings: Da genügen der gute Wille und der oberflächliche Antrieb nicht. Da braucht es Berührtsein und Be-geist-erung, eben: Erfüllt sein vom Heiligen Geist!
Die Bibelstelle vom Brief des Apostels Paulus an die Gemeinde in Rom, Kapitel 12, Vers 11 hat in der Literatur das wohl schönste Beispiel mit dem kräftigsten Widerhall im Buch «In His Steps» (zu deutsch: «In Seinen Fußspuren») von Charles Sheldon gefunden. Es handelt sich um eine aussagekräftige fiktive religiöse Novelle aus dem Jahr 1896, die mit einer Auflage von über 50 Millionen zu einem Bestseller aller Zeiten wurde. Ihr voller Titel lautet: «In His Steps: What would Jesus do?» (zu deutsch: «In Seinen Fußstapfen: Was würde Jesus tun?»)

Die Handlung geht so: In einer gut etablierten und situierten Gemeinde möchte Pfarrer Heinrich Maxwell bei seinen Predigtvorbereitungen zur Bibelstelle 1. Petrusbrief 2,21 nicht gestört werden:

«Dazu seid ihr berufen worden, weil auch Christus für euch gelitten und euch ein Vorbild hinterlassen hat, damit ihr seinen Fußstapfen nachfolgt.»

So platzte der Bedürftige halt in den Gottesdienst hinein und ergriff nach der erhebenden Predigt selbst das Wort, indem er seine pitoyable Situation schilderte und auch gleich den Bezug zum Glauben herstellte:

„Ich bin kein gewöhnlicher Landstreicher", fuhr der Fremde fort, „obwohl ich nie gelesen habe, dass Jesus je gesagt hätte, eine Art Landstreicher sei weniger des Beachtens wert als eine andere. Oder erinnert sich einer der Anwesenden eines solchen Ausspruchs?"[51]

Er stellte der Gemeinde gar die kecke Frage, «ob das, was Sie 'Jesu nachfolgen' nennen, dasselbe ist, was der Heiland darunter versteht»?[52] Nach entsprechenden geschickten Ausführungen fiel er bewusstlos zu Boden. Alle waren erschüttert, und Pfarrer Heinrich Maxwell bestand darauf, den Schwerenöter ins Pfarrhaus zu nehmen und dort zu pflegen. Der Arzt konnte keine gute Prognose abgeben und bescheinigte ein schweres Herzleiden, das den Familienvater sukzessive geschwächt hatte.

Nach einigen Tagen machte der sterbende Mann, so der Verlauf der Novelle, dem Pfarrer und der Gemeinde ein ganz grosses Geschenk, indem er sagte: «Sie waren gut gegen mich, und ich glaube, so wie Sie, hätte Jesus gehandelt!»[53]

---

51 Sheldon, Charles M., In seinen Fußstapfen: Erzählung (S. 13). Folgen Verlag. Kindle-Version.
52 Ebenda, Seite 14.
53 Ebenda, Seite 17.

Ein sehr nachdenklicher und veränderter Pfarrer bestieg darauf hin wiederum die Kanzel, erläuterte das Geschehene und initiierte eine verblüffende christliche Aktion:

«Mein Wunsch ist, dass sich Freiwillige aus meiner Gemeinde melden, die sich feierlich verpflichten, während eines ganzen Jahres nichts zu unternehmen, ohne sich vorher die Frage zu stellen 'Was würde Jesus tun? ', und dann, so gut sie es verstehen, Jesu nachzufolgen, ohne sich durch die möglichen Folgen irgendwie beeinflussen zu lassen.»[54]

Viele, sehr viele, schlossen sich dem Wunsch an, und es wurde aufgrund der Erzählung dieser Novelle eine Bewegung ins Leben gerufen, welche die Lebenseinstellung zahlreicher Menschen veränderte und auch nach weit über 100 Jahren die Christenheit entscheidend prägt. – Ja, denn auf der entscheidenden Frage «Was würde Jesus tun?» (englisch «What would Jesus do?») des 1896 erschienenen Romans basiert die aktuelle Initiative mit dem englischen Kürzel «WWJD» für «Was würde Jesus tun?», ganz im Einklang mit dem Aufruf des Apostels im Römerbrief 12,11, mit Leidenschaft und Hingabe zu handeln. – Die Theologen sagen dieser Lebensart mit der lateinischen Sprache «imitatio Christi», eben, das Imitieren von Jesus, das Leben in Seiner Nachfolge!

Wenn wir dieses Kürzel WWJD bei der Internet-Suchmaschine eingeben, stossen wir ganz schnell auf den entsprechenden Artikel in der Wikipedia «W.W.J.D.», wo wir die Wirkungsgeschichte des Romans von Charles Sheldon erkennen und erfahren, dass diese Buchstaben ihren Niederschlag auf vielen Armbändern und Tattoos gefunden haben.
Auch wurden die vier Buchstaben der Abkürzung umgedeutet, zum Beispiel in «Walk with Jesus daily», zu deutsch «Gehe täglich mit Jesus», oder: «Sei täglich mit Jesus unterwegs».

---

54 Ebenda, Seite 19.

So bleiben wir in Gott, und Gott bleibt in uns. So folgen wir dem Aufruf des Apostels und bleiben in der von ihm empfohlenen Motivation, Ansporn, Impetus, Triebkraft!

Ein praktisches Beispiel aus dem Alltag für diese Lebenseinstellung und dergestalt geprägte Handlungen liefert Jesus gleich selber, überliefert im Sondergut des Evangelisten Lukas, des Arztes, mit dem Gleichnis vom barmherzigen Samariter[55], das zu den bekanntesten Erzählungen des Neuen Testamentes gehört. – Wir kennen es. Am halbtot liegen gelassenen überfallenen Menschen zwischen Jerusalem und Jericho gingen ein Priester und ein Levit vorüber, obschon sie ihn gesehen hatten. Ein Samariter jedoch verspürte *Erbarmen* und nahm sich seiner an.
Der zentrale Begriff ist das Wort «Erbarmen», denn auch Jesus handelte und heilte oft ausdrücklich aufgrund dieses inneren Empfindens. Eine alte Übersetzung sagt: «Es jammerte ihn sein.» Wir können den griechischen Begriff aus der Ursprache des Neuen Testamentes auch übersetzen mit: «Er hatte Mitleid mit ihm», englisch «compassion», lateinisch und ebenso in der italienischen und spanischen Sprache «misericordia». «Misericordia» ist die Kombination von zwei Worten: «miseriae» und «cor», «cordis» Herz, also das Herz, welches die Misere, das Unglück wahrnimmt, ja, wahrnimmt, als wahr erkennt.

Das berührte Herz, das tätig wird, wohltätig wird.
Bereits im Jahr 1934 hat der Bauer-Maler Ernst Schäublin aus Klosters GR ein bildliches Update angefertigt[56]:

---

55 Lukas 10,25-37.
56 Ernst Schäublin: Der barmherzige Samariter, 1934. Öl auf Sperrholz, 60.5 x 90 cm. Bezeichnet unten rechts auf

Die Autofahrer, welche am Überfallenen vorbeifahren ins Gewitter hinein, und der abgestiegene, helfende Töff-Fahrer, über welchem heilvoll die Sonne leuchtet.
So sind wir Nächste, und wir haben Nächste. Die Frage an Jesus war ja: «Wer ist mein Nächster?». Darauf gab er als Antwort das Gleichnis des barmherzigen Samariters.

Was würde Jesus tun? – What would Jesus do? – Mit dieser Frage dürfen wir in die kommende Woche und überhaupt auf unseren weiteren Lebensweg gehen. Denn WWJD heisst für uns auch: «Walk with Jesus daily», «Gehe täglich mit Jesus».

Bevor ich dazu jedoch «Amen» sage, möchte ich Euch die wohl wichtigste Einsicht nicht vorenthalten, die den durch die schweren Erlebnisse veränderten Prediger Heinrich Maxwell ereilte, und die er der Gemeinde bei der nächsten Sonntagspredigt nicht vorenthielt – und die große Früchte trug:

«Alle unsere eigenen Anstrengungen, in Jesu Fußstapfen zu wandeln, sind vergeblich, solange wir keine wiedergeborenen Leute sind.»[57]

Eben: So sind wir fleissig im Geist (lateinisch: spiritus; englisch: spirit), spirituell ausgerichtete und handelnde Menschen. So sind wir neue Geschöpfe in Jesus Christus![58]

---

Motorradschild: ES 1934; rückseitig bezeichnet: E. Schäublin Der barmherzige Samariter 228. Bündner Kunstmuseum, Inv. Nr. 81/3856 – In: Ernst Schäublin 1895-1978. Der Bauer/Maler aus Klosters. Bündner Kunstmuseum, Chur 1985, Seiten 18-19.
57 Sheldon, Charles M., In seinen Fußstapfen: Erzählung (S. 18-19 und S. 53). Folgen Verlag. Kindle-Version.
58 2. Korintherbrief 5,17.

# Das wirkliche «blaue Wunder»

Offenbarung, aus Kapitel 21. Der Seher Johannes berichtet:
«Es kam einer von den sieben[59] *Engeln*, die die sieben Schalen voll der sieben letzten Plagen gehabt hatten, und redete mit mir und sprach:
Komm, ich will dir die Braut, die Frau des Lammes zeigen!
Und er entrückte mich im Geist auf einen grossen und hohen Berg und zeigte mir die heilige Stadt Jerusalem, wie sie von Gott her aus dem Himmel herab kam im Besitz der Herrlichkeit Gottes. Ihre Leuchte ist gleich dem kostbarsten Edelstein, wie ein kristallheller Jaspis.
Und er mass ihre Mauer: 144[60] Ellen nach Menschenmass, das auch Engelmass ist. Und ihre Mauer ist aus Jaspis gebaut, und die Stadt ist reines Gold gleich reinem Glas. Die Grundsteine der Mauer der Stadt sind aus Edelsteinen jeder Art köstlich bereitet; der erste Grundstein ist ein Jaspis, der zweite ein *Saphir*, der dritte ein Chalzedon, der vierte ein Smaragd, der fünfte ein Sardonyx, der sechste ein Karneol, der siebente ein Chrysolith, der achte ein Beryll, der neunte ein Topas, der zehnte ein Chrysopras, der elfte ein Hyazinth, der zwölfte ein Amethyst.»

Vielleicht haben Sie auch schon mal eine Fahrt ins Blaue geniessen können. Dabei ist Ihnen möglicherweise die Uhr am Kirchturm eines Dorfes aufgefallen, deren licht-goldene Zeiger der Zeit unermüdlich über das blaue Zifferblatt der Ewigkeit laufen.
Oder Sie haben mal blau gemacht, d.h. frei genommen, einfach mal ohne Plan. Diese Redewendung stammt eventuell aus dem Handwerk der Textilfärberei, wo Stoffe durch die Indigo-Färbung blau wurden und nach dem Färben in der Sonne trocknen mussten. Währenddessen hatten die Handwerker eine Pause; sie konnten also «blau» machen.

---

59 Die Sieben gilt in zahlreichen Kulturen als Symbol der Vollkommenheit und der Erleuchtung.
60 Die Hundertvierundvierzig ist die Summe von zwölf mal zwölf. Die Zwölf ist die Zahl der Apostel und der Stämme Israels. Sie wird auch kleines Dutzend genannt, und die Hundertvierundvierzig dementsprechend großes Dutzend. – Die Grundmauer der heiligen Stadt ist mit zwölf verschiedenartigen Edelsteinen versehen. – Vgl. auch Offenbarung 14,3 wo die Rede ist von den 144'000, die „aus den Bewohnern der Erde erkauft sind".

Es kann sein, dass Sie einmal einem Blaublüter, einem Adeligen, begegnet sind; oder dass Sie blauäugig, also leichtgläubig, waren. Mit Sicherheit wurde Ihnen auch schon mal das Blaue vom Himmel versprochen. Und wir wünschen es niemandem, das «blaue Wunder» erleben zu müssen, was vielleicht schon vom Blausein, vom Betrunkensein, herkommt, weil bei starker Trunkenheit die Hautfarbe bläulich im Licht schimmern kann.

Mit der Farbe *Blau* scheint es mir wie mit dem *Leben* zu sein. Sie nimmt in der **Alltagssprache** und in unseren **Redewendungen** völlig verschiedene Bedeutungen an, von der Naivität und Unbestimmtheit bis hin zu Betrunkenheit und Adel. Aber: Sie kommt immer wieder vor, und sie zeigt auf Weiterreichendes, Spannendes, manchmal auch Schreckliches.

Mit den **Geschichten**, in denen die Farbe Blau eine zentrale Rolle spielt, verhält es sich nicht anders.
«Der Blaue Engel» basiert auf dem Roman «Professor Unrat» von Heinrich Mann (1905). Es ist der Name eines Nacht-Clubs. Durch den exzessiven Besuch desselben gerät der strenge Gymnasiallehrer Professor Rath in eine scheussliche persönliche und gesellschaftliche Abwärtsspirale.

Glücklicher geht es in Gebrüder Grimms Märchen «Das blaue Licht» (1815) zu und her. Dort findet ein Soldat ein blaues Licht, welches ihm Macht und die Erfüllung seiner Wünsche bringt.

So werfen wir nun neugierig einen Blick in die **Bibel**, in der das geheimnisvolle Himmelsblau und das richtungsweisende Königsblau mit Sicherheit auch eine bedeutungsvolle Rolle spielen muss.
Da geht es um das Himmlische, das Göttliche, und um die Treue. Vor allem im Alten Bund, im **Alten Testament**, kommt dem Blau eine tiefe *geistliche, spirituelle Bedeutung* zu, oft verknüpft mit dem Bund Gottes mit uns Menschen, sowie mit der Reinheit der Beziehung von Gott zu uns Menschen und von uns Gläubigen zu Gott.

Blau assoziieren wir naturgemäss mit dem Firmament, dem Himmelszelt. Dort wird gemeinhin der Wohnsitz von Gott angesiedelt. Das Himmelsblau steht daher für das Göttliche und die Transzendenz. Den *«Himmel auf Erden»* zu haben, ist wohl eine der ältesten menschlichen Sehnsüchte und Ziele.

Da landen wir mitten im Kompetenzzentrum der Bibel und in der Aufgabe der Offenbarung! In einer sehr entscheidenden Passage des Alten Testamentes, wo es immerhin um die feierliche Bundesschliessung am Sinai geht; ja, in einer sehr entscheidenden Passage des Alten Testamentes wird mit der Farbe Blau wie beiläufig und unauffällig darauf hingewiesen, dass mit der *Liebe Gottes* zu uns Menschen der Himmel auf Erden kommt und forthin gelten kann: Wie oben, so unten.[61] Das ist tollster Ausdruck vom Prinzip der Analogie, der Entsprechung, die so nur möglich ist durch das Eingreifen, die Offenbarung und die Liebe Gottes zu uns Menschen.

Wenn wir also im Kapitel 24 vom 2. Buch Mose, dem Exodus, genau hinschauen, dann finden wir das gute Stück Himmel schön angezeigt genau auf Erden, nämlich am Boden – an jener Stelle, wo zwei Mal Bezug genommen wird auf die entscheidende Vision von Mose, Aaron, Nadab, Abihu und siebzig von den Ältesten Israels. Diese Vision, diese Schau, diese Sicht wird da bezeichnet mit: «Sie schauten Gott.» Ja, «sie schauten Gott», oben im Himmel.
– Und was war da unten auf dem Boden, auf Erden?
Auch *das* wird uns nicht vorenthalten, denn sogleich heisst es von Mose: «Der Boden zu seinen Füssen war wie aus Saphir-Fliesen und klar wie der Himmel selbst. Wider die Vornehmen Israels aber reckte Er (Gott) Seine Hand nicht aus; *sie schauten Gott*, assen und tranken.»[62]
Es handelt sich hier um *eine sehr alte Stelle der Bibel*, um eine zentrale. Oben der blaue Himmel, unten der blaue Saphir-Fliesen-Boden, «klar wie der Himmel selbst». Da haben wir's komplett: «Wie oben, so unten.»

---

61 Das Prinzip der Analogie (Entsprechung) ist eines der 7 hermetischen Prinzipien. Es besagt zum Beispiel, dass die Verhältnisse im Universum (Makrokosmos) die Verhältnisse im Individuum (Mikrokosmos) widerspiegeln.
62 2. Mose 24,10-11.

Wie wir es im berühmtesten aller Gebete sagen: «Wie im Himmel, so auf Erden.» Wie wir es dort erbitten: «*Dein* Wille geschehe, wie im Himmel, so auf Erden.»[63]

In der Stiftshütte [hebräisch מִשְׁכָּן miškān] und später auch im Salomonischen Tempel ist das Blau eine der Hauptfarben. – Auch die Kleidung des Hohenpriesters sollte blaues Gewebe enthalten.[64] – Und: Die Israeliten sollten sich «Quasten machen an den Zipfeln ihrer Gewänder, sowie eine Schnur von blauem Purpur anbringen, damit sie aller Gebote des Herrn gedenken und darnach tun».[65]

Das alles sind starke Aussagen über die Beziehung von Gott zu uns Menschen und von uns Menschen zu Gott; starke Hinweise auf Seine mächtige Herrlichkeit. Es sieht so aus, dass wir überall und immer wieder mal der Farbe Blau begegnen, damit wir an das Himmlische auf Erden erinnert werden.

Nicht nur das Alte Testament leitet uns dazu an. Auch das **Neue Testament** ruft uns unverhohlen zu, dass wir immer wieder auf das Himmelsblau in unserem Leben achten dürfen und sollen, um uns die absolute, die definitive Verschmelzung von Himmel und Erde, Gott und Mensch in *Jesus Christus* zu verinnerlichen!

Fast beiläufig, aber doch an schöner Stelle im letzten Buch der Bibel, in der Offenbarung des Johannes, auch Apokalypse genannt: Da wird uns das himmlische Jerusalem, die neue heilige Stadt, die von Gott her aus dem Himmel herabgekommen[66] ist, als eine prächtige Stadt vorgestellt, die aus kostbarsten Materialien angefertigt und mit Edelsteinen geschmückt ist.
So wird uns die Herrlichkeit Gottes, Seine Reinheit und Vollkommenheit, visualisiert. So wird uns gezeigt: Dein unvergänglicher Schatz, das Grösste im Leben, das Du haben kannst, kommt zu Dir! – Drastisch dargestellt im zweitletzten Kapitel der Bibel, im Buch der Offenbarung des Johannes.

---

63 Matthäus 6,10b.
64 2. Mose 28,31.
65 4. Mose 15,38-39.
66 Offenbarung 21,2.

Wenn wir da hinschauen und hinhören, mit offenen Herzen, unbefangen, frei, dann möchten wir dieses anhaltende Erlebnis, das uns von nichts und niemandem mehr genommen werden kann, als das wirkliche blaue Wunder bezeichnen!

Wir haben's im Predigttext gehört: Die Stadt ist aus reinem Gold, klar wie Glas. Und «die Grundsteine der Mauer der Stadt sind aus Edelsteinen jeder Art köstlich bereitet; der erste Grundstein ist ein Jaspis, der zweite ein Saphir, der dritte ein Chalzedon, der vierte ein Smaragd, der fünfte ein Sardonyx, der sechste ein Karneol, der siebente ein Chrysolith, der achte ein Beryll, der neunte ein Topas, der zehnte ein Chrysopras, der elfte ein Hyazinth, der zwölfte ein Amethyst.»
Wir begegnen auch hier der bedeutsamen Zahl *Zwölf*: Die zwölf Stämme Israels, die zwölf Apostel, die zwölf Monate, in denen wir im Jahreslauf leben. Nun die zwölf Grundsteine der Mauer des neuen Jerusalems. Der zweite ist der Saphir[67] – er will mir nicht mehr aus dem Sinn, denn seine blaue Farbe funkelt mir still entgegen und erinnert mich an meine Herkunft und an mein Ziel, wie es mich *Jesus Christus* schon hier und jetzt immer wieder neu spüren lässt – und wie Er es mir durch Seine Heils-Tat, die Kreuzigung und die Auferstehung, in unverlierbarer Weise gibt.

Genug der Worte – aber nicht des *Wortes!* Wir nehmen *es* mit, in den Alltag hinaus und in die Woche hinein; halten dann und wann inne, wenn wir das Blau des Himmels erblicken[68], oder ein Stück Blau auf Erden, sei es auf dem Boden, sei es an einer Wand, auf einem Stein, in einem Buch – und wir erinnern uns an das wirkliche «blaue Wunder», dass in Jesus Christus Gott zu uns Menschen gekommen ist und uns befreit, uns vergibt, und uns ein Stück Himmel schon auf Erden zugesteht.

---

67 Der Saphir ist ein blauer Edelstein, der gemeinhin für Reinheit, Weisheit und Wahrheit steht. In der Bibel weist er oft auf den Himmel hin, sowie auf die göttlichen Offenbarungen.
68 Johann Wolfgang Goethe hat in seiner Farbenlehre darauf hingewiesen, dass der Mensch die Farbe Blau gern sieht: „Wie wir einen angenehmen Gegenstand, der vor uns flieht, gern verfolgen, so sehen wir das Blaue gern an, nicht weil es auf uns dringt, sondern weil es uns nach sich zieht." Quelle: Gedenkausgabe der Werke, Briefe und Gespräche. Band 1–24 und Erg.-Bände 1–3, Band 16, Zürich 1948 ff, S. 210-211, Vers 781.

# Die Abendstunde, oder: Die Sterne leuchten erst in der Dunkelheit

Psalm 19,1-7:
«Der Himmel erzählt *die Herrlichkeit Gottes,*
und das Firmament verkündet das Werk seiner Hände.
*Ein Tag sagt es dem andern,*
*und eine Nacht tut es der anderen kund,*
ohne Sprache, ohne Worte,
mit unhörbarer Stimme.
In alle Länder hinaus geht ihr Schall,
bis zum Ende der Welt ihr Reden.
Der Sonne hat er am Himmel ein Zelt errichtet:
Wie ein Bräutigam kommt sie hervor aus ihrer Kammer,
läuft freudig wie ein Held die Bahn.
An einem Ende des Himmels geht sie auf
und läuft bis zum anderen Ende,
und nichts bleibt ihrer Glut verborgen.»

Vor Jahrzehnten noch hat er sich schwergetan, in die Agenda der Gemeindeanlässe zu kommen. Gemeint ist der *Abendgottesdienst*, wie wir ihn jetzt feiern. Viele wollten immer und in jedem Fall am Sonntagmorgen für die Zeit des Gottesdienstes festhalten. Dies als Erinnerung an den Ostermorgen und an die Auferstehung Jesu Christi, respektive das leere Grab.[69]

Dabei findet sich in der Bibel aber schon ein Präzedenzfall als Muster, die Gottesdienstzeiten festzulegen und der Anbetung des Herrn eine Struktur zu geben – und zwar gleich zwei Mal. Nämlich bei den alttestamentlichen Anweisungen für die Darbringung des Opfers. «Das *eine* Lamm sollst du am *Morgen* darbringen, das *andere* um die *Abendzeit.*» So zu lesen im 2. Buch Mose, dem Exodus[70], und dann gleich nochmals im 4. Buch Mose, Numeri, genau gleich: «Das *eine* Lamm sollst du am *Morgen* darbringen,

---

69 Matthäus 28,1: Nach dem Sabbat aber, als es zum ersten Tag der Woche aufleuchtete, kamen Maria aus Magdala und die andre Maria, um das Grab zu besehen ...
70 2. Mose 29,39.

das *andere* um die *Abendzeit.*»[71]
Vielleicht knüpft der Psalmensänger sinngemäss an diese Tradition der Darbringung des Opfers an, wenn er von seinem *Gebet* berichtet: «Lass mein Gebet wie Weihrauch vor dir gelten, das Erheben meiner Hände wie das Abendopfer.»[72]

Die Zeit der Dämmerung, wo die Sonne langsam hinter dem Horizont verschwindet, die Hektik des Tages abnimmt und die Dunkelheit uns umhüllt; der Moment, in dem sich der Himmel in ein sanftes Abendlicht taucht – ja, diese Zeit und dieser Moment der Abendstunde eignen sich gut, innezuhalten, zur Ruhe zu kommen, zurückzublicken auf die Geschehnisse des Tages und das Wesentliche zu behalten.
Die Abendstunde hat ihre eigene Spiritualität. Sie lädt zur Achtsamkeit ein. Da können wir die leisen Stimmen unserer Seele hören, welche im Lärm des Tages untergegangen sind. Es ist auch eine Gelegenheit, mit Gott Zwiesprache zu halten, bevor wir uns ganz der Stille der Nacht anvertrauen.

Da schleicht sich dann auch eine Endgültigkeit ein, die Jesus zum Aufruf veranlasst haben mag: «Wir müssen die Werke dessen wirken, der mich gesandt hat, solange es Tag ist; denn es kommt die Nacht, da niemand wirken kann.»[73] Da sind Geborgenheit und Dankbarkeit sowie das Wissen, nicht allein zu sein, Gold wert.
Vielleicht die berühmteste Abend-Stelle in der Bibel handelt vom Gespräch der beiden Jünger mit dem noch unerkannten Jesus auf dem Weg vor Emmaus: «Bleibe bei uns, denn es will Abend werden und der Tag hat sich schon geneigt.»[74] Daran knüpft eines der bekanntesten Gebete an:

«Bleibe bei uns, Herr, denn es will Abend werden
und der Tag hat sich geneigt.
Bleibe bei uns und bei Deiner ganzen Kirche.

---

71 4. Mose 28,4.
72 Psalm 141,2.
73 Johannes-Evangelium 9,4.
74 Lukas-Evangelium 24,29.

Bleibe bei uns am Abend dieses Tages,
am Abend unseres Lebens,
am Abend der Welt. (…)»[75]

Dass der Abendstunde[76], so gefeiert[77], eine zukunftsverheissende Dynamik innewohnen kann, hören wir vielleicht aus der folgenden Erzählung heraus, die den Titel „Das Versprechen der Abendstunde"[78] trägt:
Es war einmal ein kleines Dorf, das in einem grünen Tal lag, umgeben von hohen Bergen.

Die Menschen dort lebten in Harmonie mit der Natur, aber jeder *Abend* brachte eine besondere, fast magische Stimmung mit sich. Wenn die Sonne begann, hinter den Bergen zu versinken, legte sich eine stille Erwartung über das Tal. Die Dorfbewohner nannten diese Zeit „die Stunde der Wahrheit".

In dieser besonderen Stunde wandelte ein alter Mann namens Eamon[79] durch das Dorf. Eamon war ein weiser Greis, der die Gabe besaß, die Gedanken der Menschen zu ergründen. Doch er sprach selten direkt mit ihnen; er beobachtete, hörte zu und sah tiefer in die Herzen als es Worte vermochten.

Eines Abends, als die Sonne das Tal in goldenes Licht tauchte, traf Eamon auf Alina, ein junges Mädchen, das am Rande des Waldes saß. Ihre Augen blickten in die Ferne, als ob sie nach etwas suchte, das jenseits des Horizonts lag.

---

75 Nach Wilhelm Löhe, 1808-1872.

76 Bild «Die Abendstunde», eine Fotographie von Stana Vetsch, 7. Oktober 2024.

77 Der Ausdruck «Feierabend» ist etwas ganz Besonderes; es gibt ihn so nur in der deutschen Sprache; in der englischen Sprache heisst es lediglich: «after work».

78 Diese Geschichte generierte die KI (ChatGPT) zur Symbolik der Abendstunde.

79 Der Name Eamon hat seinen Ursprung im irischen und ist eine anglisierte Form des gälischen Namens Éamonn oder Éamon, der vom altenglischen Namen Eadmund abstammt. Dieser setzt sich aus den Elementen „ead" („Wohlstand" oder „Glück") und „mund" („Schutz" oder „Beschützer") zusammen. In der Bedeutung könnte man ihn also als „Wohlstandsschützer" oder „Glücksbringer" interpretieren.

„Was beschäftigt dich, Kind?" fragte Eamon sanft, als er sich neben sie setzte.

*Alina* seufzte tief. „Es ist diese Zeit des Tages, die mich immer *traurig* macht. Der Abend erinnert mich daran, wie der Tag vergeht, wie schnell alles vorüberzieht. Es scheint, als würde die Dunkelheit all meine Träume verschlucken."

Eamon lächelte, seine Augen funkelten weise. „Der Abend ist nicht das Ende, Alina. Er ist der Moment, an dem der Tag sich in die Nacht verwandelt, der Augenblick der *Veränderung*. In dieser Stunde liegt die Möglichkeit, das Vergangene zu reflektieren und sich auf das Kommende vorzubereiten. Es ist die Zeit des Übergangs – nicht des Abschieds." Alina schaute den alten Mann an und fühlte sich zum ersten Mal getröstet.

„Aber warum fühle ich mich dann so verloren?" „Weil der Abend uns zwingt, innezuhalten und auf uns selbst zu schauen," antwortete Eamon. „Viele fürchten die Dunkelheit, weil sie ihre eigene Unsicherheit in ihr sehen. Aber die Wahrheit ist, dass die Dunkelheit nicht das Ende bringt, sondern eine Gelegenheit zur Erneuerung. *Die Sterne leuchten erst in der Dunkelheit*, Alina. Und so finden wir oft erst im stillen Abendlicht unsere wahren Träume."

Alina nickte nachdenklich und betrachtete den Sonnenuntergang, der den Himmel nun in ein tiefes Rot getaucht hatte. Langsam verstand sie, dass die Abendstunde nicht das Verschwinden ihrer Träume bedeutete, sondern eine Einladung, sie klarer zu sehen – fernab vom Lärm des Tages

Als die ersten Sterne am Himmel erschienen, erhob sich Alina. Sie hatte nun verstanden, dass jeder Abend ein Versprechen war: ein Versprechen auf einen neuen Anfang, der im Herzen der Nacht geboren wurde.

# Anhang 1: Artikel zum Herbst – „Ewiges ist nicht auf Erden"

Jede Jahreszeit macht der nächsten Jahreszeit Platz, denn das Vegetationsjahr ist ein Kreislauf der Natur. Im Besonderen ist das Markenzeichen des Wandels jedoch dem Herbst[80] vorbehalten, ja, dem Herbst mit seinen vollen Farben und feinen Früchten. Die germanische Benennung Herbst bedeutete ursprünglich denn auch Pflückzeit, Ernte oder Zeit der Früchte.[81] Das weist auf die mannigfaltigen Arbeiten hin, welche auf den Feldern, Wiesen und Höfen im Herbst zu verrichten sind. Der kräftigende Genuss danach weist seltsam über das Irdisch-Vergängliche hinaus und tippt gleichsam auf die Ewigkeit hin, wie es der Dichter Hermann Hesse (1877-1962) im Jahr 1933 mit seinem Gedicht „Welkes Blatt" verspielt festgehalten hatte:

«Jede Blüte will zur Frucht,
Jeder Morgen Abend werden
Ewiges ist nicht auf Erden,
Als der Wandel, als die Flucht.

Auch der schönste Sommer will
Einmal Herbst und Welke spüren.
Halte, Blatt, geduldig still,
Wenn der Wind dich will entführen.

Spiel dein Spiel und wehr dich nicht,
Lass es still geschehen.

---

80 Bild: Herbstbaum © Mathis Kuhn, 6. November 2021.
81 Quelle: Duden. Das Herkunftswörterbuch. Etymologie der deutschen Sprache. 4. Auflage. Band 7. Dudenverlag Mannheim, Leipzig, Wien, Zürich 2007. Seite 334/335.

Lass vom Winde, der dich bricht,
Dich nach Hause wehen.» [82]

Da klingt nicht nur die Ewigkeit hinter der Zeit an, sondern auch ein definitives, ultimatives Zuhause ist angesprochen. – «Einmal ist es dann fertig, Herr Pfarrer», rief es mir ein älterer Kirchgenosse jeweils beim Betreten des Dorf-Restaurants zu. «Wir werden es sehen», lautete die Antwort. Ja, dann noch etwas sehen können, was hier gespürt und auch genossen wurde, das sind ganz tolle Visionen und Optionen, die wir uns nicht entgehen lassen möchten.

In zeitgenössische Worte gefasst hat das Erlebnis des Herbstes der Zürcher Pfarrer Peter Walss (1937-1994) mit seinen Worten «Es genügt, nicht zu vergessen» im letzten Werk «Gebete auf dem Rücken liegend», das er im Spitalbett in seinen Laptop eintippte:

«Dank den Rosen beim Fenster
und den Rosenblättern und Früchten
die auf dem Pult den Herbst verkünden
die ermutigende Fülle des Herbstes
Reichtum vor der Kargheit des Winters
in der sich der Frühling vorbereitet
auf kleinem Raum
kleine Zeichen
es kommt nicht auf ihre Grösse an
sie sprechen von Grossem
es genügt, nicht zu vergessen
wovon Dinge sprechen.» [83]

Die «ermutigende Fülle des Herbstes», die in uns aufgenommene Kraft der Farben und Früchte, des Licht- und Schattenspieles, der Wärme, die bereits von der nachfolgenden Winterkälte zu wissen scheint. Und dann treffend «es genügt, nicht zu vergessen, wovon Dinge sprechen».
So gesehen, ja, gesehen, reden ganz viele Dinge zu uns.

---

82 Hermann Hesse: Sämtliche Werke, herausgegeben von Volker Michels. Band 10, Die Gedichte, bearbeitet von Peter Huber, Frankfurt am Main, Suhrkamp Verlag, 2002. Seite 324.
83 Peter Walss: Gebete auf dem Rücken liegend. Gotthelf Verlag, 1993. Seite 50.

Jeden Tag und in den Träumen der Nacht. Der Unendliche, der sich uns in Jesus Christus gezeigt hat, ist immer für uns da. Er steht uns zur Verfügung. Mehr noch: Er sucht uns auf, wo wir sind. Er empfängt uns mit offenen Armen. Er freut sich. Und macht ein Fest, wie damals für den «Verlorenen Sohn» (Lukas 15,11-32). Der Herbst eignet sich ausgezeichnet dafür! Nehmen wir die Einladung an. Begeben wir uns in Seine Nähe, sodass Er in uns Wohnung nimmt! Das wird schöne Früchte und tolle Farben für die Ewigkeit hervorbringen.

# Anhang 2: Artikel zur Musik – „Wenn die Engel unter sich sind"

Was wären unsere Gottesdienstfeiern ohne die tragende Musik? Ja, Musik kann tragend sein; sie kann tragen, das ist so schon richtig gesagt. Sie kann auch Worte untermalen, also verstärkend wirken. Wir erkennen: Musik ist mitbestimmend. Schon Platon wies darauf hin, dass Veränderungen in der Musik Regierungswechsel zur Folge haben. Die Sprache weiß noch in vielen Ausdrücken und Redewendungen um den Zusammenhang von Musik und Macht, wenn wir etwa sagen: Den Ton angeben, die erste Geige spielen, herumdirigieren; oder: Wes Brot ich ess', des Lied ich sing. Den chinesischen Kaisern war das bekannt; sie haben daher über Jahrtausende hinweg die Musik in ihrem Land bestimmt. In ihren Regierungen bekleideten nicht etwa der Finanz- oder der Verteidigungsminister die obersten Positionen, sondern der Musikverantwortliche.

Während die Zürcher Reformation befürchtete, die Musik könnte (ähnlich wie die Ikonen / Bilder) vom Verständnis des Wortes ablenken, machte Martin Luther aus seiner Vorliebe für die Musik keinen Hehl, indem er offen äußerte, nach der Theologie räume er der Musik den nächsten Platz ein. Er verwies dabei auf König David und die Propheten des Alten Testamentes, die ihre Aussagen in Versen und Gesängen überliefert hatten.

Luther resümierte, er liebe die Musik; und er zählte gleich fünf Gründe auf, nämlich, weil sie erstens eine Gabe Gottes und nicht der Menschen sei; weil sie zweitens die Seelen froh mache; weil sie drittens den Teufel verjage; weil sie viertens Unschuldigen Freude bereite; und weil sie fünftens in Friedenszeiten regiere.

Er verstieg sich sogar zur kühnen Aussage, dass einmal gesungen wie zweimal gebetet sei! William Shakespeare hat die Musik als die Nahrung der Liebe bezeichnet.[84] Joseph Haydn verriet mit Überzeugung: „Meine Sprache verstehet man durch die ganze Welt!"[85]

---

84 Wenn Musik die Nahrung der Liebe ist, so spielt fort (If music be the food of Love, play on). Quelle: Shakespeare, Was ihr wollt (Twelfth Night, or What You Will), 1. Akt, 1. Szene (Orsino); um 1601, Erstdruck 1623.
85 Quelle: Biograph Albert Christoph Dies, 1810
(Perspectivia.net/servlets/MCRFileNodeServlet/ploneimport4_derivate_00011955/steinbeck_haydn.doc.pdf).

Und Friedrich Nietzsche teilte überraschend klar mit: „Ohne die Musik wäre das Leben ein sinnloser Irrtum."[86]
Interessantes ist aus dem „Dankbrief an Mozart" vom Theologen Karl Barth zu vernehmen, welcher erklärte: „Wie es mit der Musik dort steht, wo Sie sich jetzt befinden, ahne ich nur in Umrissen.

Ich habe die Vermutung, die ich in dieser Hinsicht hege, einmal auf die Formulierung gebracht: Ich sei nicht schlechthin sicher, ob die Engel, wenn sie im Lobe Gottes begriffen sind, gerne Bach spielen – ich sei aber sicher, dass sie, wenn sie unter sich sind, Mozart spielen und dass ihnen dann doch auch der liebe Gott besonders gerne zuhört." [87]

---

86 Quelle: Nietzsche, Götzen-Dämmerung oder Wie man mit dem Hammer philosophiert, 1889, Sprüche und Pfeile. – Zitiert von Vogt, Jürgen, in: Ohne Musik wäre das Leben ein Irrtum – Über einen Satz Nietzsches in musikpädagogischer Absicht, 2005 (Zfkm.org/05-vogt.pdf).
87 Dankbrief an Mozart, von Karl Barth, Basel 23.12.1955. Aus der Umfrage in der Wochenzeitung „Luzerner Neueste Nachrichten" vom 21. Januar 1956 (Jochenteuffel.com/2022/08/21/karl-barths-dankbrief-an-mozart-1955-was-ich-ihnen-danke-ist-schlicht-dies-das-ich-mich-wann-immer-ich-sie-hore-an-die-schwelle-einer-bei-sonnenschein-und-gewitter-am-tag-und-bei-nacht-guten).

## Anhang 3: Vortrag «Hebräisches in unserer Sprache»

«Der Antisemitismus hat sprunghaft zugenommen. Neue Zahlen. Schmierereien, Beschimpfungen, Tätlichkeiten: Anfeindungen gegen Jüdinnen und Juden haben sich in der Schweiz innerhalb eines Jahres verdreifacht.»
Diese Schlagzeile stammt nicht aus den 30-iger Jahren des vorigen Jahrhunderts, sondern ist der Frontseite einer grossen Schweizer Tageszeitung der Gegenwart entnommen. [88]
Das kann kein Menschenherz kalt lassen, auch wenn es beileibe nicht um einseitige politische Stellungsnahmen[89] geht. Es sind vielmehr die festgestellten Unkenntnisse, der blanke Hass und das enorme Zerstörungspotenzial, die uns auf den Plan rufen. – Daher diese Betrachtung unter dem allgemeinen Titel «Hebräisches in unserer Sprache».

Schon im Theologiestudium wurden wir beim Erlernen der alten Sprache für das Lesen und das Verständnis des Alten Testamentes in seiner Ursprache zu unserer Verblüffung darauf hingewiesen, dass unser Wort «Beiz» eine Ableitung von hebräisch «bayit» [בַּיִת] darstellt, was schlichtweg Haus bedeutet. Die Beiz im Dorf ist das Haus für alle, das Gasthaus.

Mit diesem Wissen im Hintergrund überraschte es mich keineswegs, als der Linguistik-Professor Linus Brunner (1909-1987)[90] in den Achtzigerjahren die rätische Sprache samt vielen Orts- und Flurnamen aufgrund des

---

88 Tages-Anzeiger vom 12. März 2024; Seiten 1,5,21.
89 Nota bene: Auch die Palästinenser sind Semiten …
90 Bild: Linus Brunner anlässlich seines Vortrages im Pfarrhaus Gretschins SG am 20. März 1985.

Akkadischen, gewissermassen einer «Tante des Hebräischen», entschlüsselte.[91] [92]

Das Amt für Kulturpflege des Kantons St. Gallen war im Jahr 1987 die Herausgeberin seines Buches mit dem aufregenden Titel «Die rätische Sprache – enträtselt». Bei der Vernissage im Staatskeller wurde gemunkelt, es sei ja schön, dass das Buch ermöglicht worden sei, aber es würde halt keinen praktischen Nutzen haben… Da erlaubte ich mir die Erwiderung: Ja, aber vielleicht darf das Buch einen politischen Nutzen haben… Wie ich das meine? So wurde ich zurückgefragt. Naja, wenn man sich um den Einfluss des Semitischen schon in den 30-iger Jahren gekümmert hätte… Ach, daran haben wir noch gar nicht gedacht! – So kam er mir dann entgegen…

Natürlich rief das Erklärungsmodell von Linus Brunner, der von Alfred Toth tatkräftig unterstützt wurde, erbitterte Gegnerschaft aus der Ecke der Romanisten auf den Plan; und es gab und gibt noch immer ziemlich emotional geführte wissenschaftliche Debatten. Noch am 20. September 2023 wurde auf Wikipedia ein entsprechender Ortsnamen-Hinweis mit der Bemerkung weggeputzt: «Akkadisch hat in der Schweiz nichts zu suchen.»[93]

Wie dem auch sei, ich hoffe, ich habe keinen «Stuss» geredet!
Oh, schon wieder ein ursprünglich hebräischer Begriff [שטות]. Das Wort «Stuss» kam über das Rotwelsche aus dem Westjiddischen zu uns, und es heisst «dummes Zeug».[94]

«Stuss» reden ist nämlich «unter aller Sau»[95], und dieser Ausdruck unserer Alltagssprache hat eben auch

---

91 Linus Brunner, Alfred Toth: Die rätische Sprache – enträtselt, Sprache und Sprachgeschichte der Räter. Herausgegeben vom Amt für Kulturpflege des Kantons St. Gallen, 1987.
92 Alfred Toth, Linus Brunner: RAETIC – An extinct Semitic language in Central Europe. Mikes International. The Hague, Holland 2007.
93 De.wikipedia.org/w/index.php?title=Gretschins&action=history (Eintrag vom 20. September 2023).
94 Duden 7. Das Herkunftswörterbuch, Etymologie der deutschen Sprache. Dudenverlag, Mannheim – Leipzig – Wien – Zürich, 4. Auflage 2007. Seite 827.
95 Zur Redewendung „unter aller Sau" hier ein Bildbeispiel aus einer Tageszeitung (Blick, 21.05.2024).

nichts mit dem Schwein zu, wohl aber mit dem jiddischen «seo» [hebräisch סאו], das den Maßstab meint, wie auch die Aussage aus der lateinisch / griechischen Sprache «unter aller Kanone», also unter jeder Richtschnur [lat. «sub omni canone»].

Es ist interessant, dass die aus dem Semitischen stammende Redewendung «unter aller Sau» parallel dazu unserer Sprache erhalten geblieben ist, wie so viele andere Ausdrücke auch.

Es beginnt schon mit dem Neujahrswunsch «En guete Rutsch!». Das hat nichts mit dem möglichen Ausrutschen auf Schnee und Eis zu tun, das wir ja auch kennen, sondern mit dem jüdischen Neujahrsfest «Rosch ha Schana» [ראֹש הַשָׁנָה], was wörtlich übersetzt «Kopf des Jahres», oder eben «Jahresbeginn» bedeutet. Wenn wir uns vor dem Jahreswechsel «En guete Rutsch!» wünschen, dann heisst das also nichts anderes als «En guete Aafang!»

Wenn wir an etwas Bestimmtes denken, wünschen wir uns womöglich dazu noch «Hals- und Beinbruch», was eben auch nichts mit einem gebrochenen Hals oder Bein zu tun hat, wohl aber mit dem jiddischen Segenswunsch «Hasloche un Broche», das dem hebräischen «Hazlóche we Bróche» [הַצְלָחָה וּבְרָכָה], Glück und Segen, entsprungen ist.

Die «Ganoven» finden natürlich, dass dafür viel «Kies» her muss, denn ohne «Moos» läuft ja eh nix – vor allem, wenn man es mit weniger «betuchten» Zeitgenossen zu tun hat.

In diesem Satz steckt eine wahre Ansammlung hebräischer Begriffe, angefangen beim Ganoven, hebräisch «gannáv» [גַנָּב], Dieb.

Dann das Wort «Kies» für hebräisch «kis» [כִּיס], Tasche oder Beutel. Gemeint ist der Geldbeutel, denn früher waren im Orient solche mit bereits abgezähltem Geld im Einsatz, sodass die Bargeschäfte schneller abgewickelt werden konnten. Daher war es wichtig, den «Kies», die Geldbeutel, schon zur Hand zu haben.

Ähnlich rührt unser Wort «Moos» für «Geld» vom hebräisch-aramäischen «mâ'ôth» her, was übersetzt ganz einfach «Münzen» bedeutet.

Und dann eben die mehr oder weniger «betuchten» Zeitgenossen, was nichts mit Tüchern zu tun hat, wohl aber mit hebräisch «batuach», zuverlässig, vertrauenswürdig. Das Tätigkeitswort, das Verb «vertrauen» heisst in der hebräischen Sprache «batach» [בָּטַח]. Die «betuchten» Zeitgenossen sind demnach die zuverlässigen und vertrauenswürdigen. Mit *denen* wollen wir es doch zu tun haben!

Sonst besteht die Gefahr, dass man in «unkoschere» Dinge hinein gerät und schliesslich alles «vermasselt».
Hebräisch «koscher» [כשר] ist der Begriff für «tauglich, rein».
Wir kennen ihn zum Beispiel vom «koscheren» Fleisch her. Die jüdischen Speisegesetze

werden «Kaschrut» [כַּשְׁרוּת] genannt.
Also, mit «unkoscheren» Dingen möchten wir uns nicht belasten, damit wir nicht noch alles «vermasseln» und ins «Schlamassel» geraten.
Beides, «vermasseln» sowie «Schlamassel», kommt von «masal», Stern / Glück. «Vermasseln» bedeutet demnach vom Wort her schlichtweg «verun-glück-en».
«Schlamassel» ist die Wortkombination von unserem «schlimm» und «masal», Stern / Glück. Über dem «Schlamassel» steht eben *kein* guter Stern.
Hingegen wünscht jemand mit dem Gekritzel «Mazel Tov» [מזל טוב] im Davidstern, mit der Klagemauer von Jerusalem als Hintergrund, schön gezeichnet: «Gut Glück!».

Damit es keinen «miesen» «Zoff» gibt und es «dufte» rauskommt, ist es immer gut, «Tacheles» zu reden.
«Tacheles» kommt vom hebräischen «tachilit» [תַּכְלִית] Ziel, Zweck. «Tacheles reden» heisst demnach zielgerichtet und zweckgebunden verhandeln. Es ist das Gegenteil vom «um den heissen Brei herumreden», ursprünglich: Um den heissen Brei herumschleichen, weil das die Katzen so zu tun pflegen…

Okay, dann noch die Worte «mies» und «Miese-Peter» von hebräisch «me'as» [מאס] verdriessen. «Mies» bedeutet «verdrossen», und der Miese-Peter ist der «Verdrossene».
«Dufte» hingegen ist etwas ganz Anderes! Es stammt von hebräisch «tow» gut [טוב].
Und «Zoff» schliesslich, das ist halt eben der «Schluss», hebräisch «sof» [זוף]. Dann ist «fertig» mit zielgerichtetem und zweckgebundenem Verhandeln, dann ist «fertig» mit lustig! So ist es mit dem «Zoff»…

Es wären noch viele Ausdrücke und Begriffe zu nennen, wie etwa das «Schmiere» stehen, hebräisch «schmira», Wache; «zocken», hebräisch «sachar», handeln; «schäkern», jiddisch «scherzen».
Oder, besonders schön: Unser Vorname Elisabeth (vgl. Exodus 6,23; Lukas 1,5), von «'ēl» [אֵל] (Gott) und «schæwaʿ» [שֶׁבַע] (Segensfülle). Elisabeth bedeutet demnach:
«Gott ist Segensfülle».

Ich schliesse mit dem Anfang der Bibel, wo erwähnt wird, dass zu Beginn «Tohuwabohu», Chaos, herrschte, dem Gott Abhilfe schuf («Am Anfang schuf Gott den Himmel und die Erde», Genesis 1,1); Chaos, dem auch wir mit unserer 
Arbeit und mit unserem Bemühen Tag für Tag entgegenwirken. Ja, vor der ersten Schöpfungstat war die Erde «wüst und öde, leer», «tohu-wa-bohu» [תֹּהוּ וָבֹהוּ] – bis zum wahrlich klärenden «Es werde Licht!», hebräisch «jehi ohr!» [יְהִי אוֹר].

Die Sprache weiss noch so vieles, dessen wir uns gar nicht mehr bewusst sind. Es lohnt sich deshalb, hie und da darauf zu achten. Denn, wie heisst es doch zu Beginn des Johannes-Evangeliums 1,1 – in Anlehnung an den Anfang der Bibel:
«Am Anfang war das Wort» [griechisch: Ἐν ἀρχῇ ἦν ὁ λόγος].

Wenn mit diesen Bemerkungen ein wenig auf den semitischen Hintergrund von etlichen Ausdrücken und Begriffen unserer Alltagssprache hingewiesen werden konnte, sind ihr Zweck erfüllt.

Es tut gut, um Herkünfte zu wissen, sodass in der Gegenwart mit
Gottes Hilfe heilsame Linien in die Zukunft gezogen werden
können.

## Anhang 4: Vortrag „Nicht-Dualität, ein schwieriger Begriff für etwas sehr Einfaches. Bestrebungen im Christentum"

Die so genannte „Non-Duality" entstammt als Begriff der Advaita-Vedanta-Tradition der Hindu-Philosophie. Sie zielt auf die Unteilbarkeit der Existenz ab, indem dem Menschen, der Ohren hat, zugerufen wird: „Alles ist eins!" Dies wird jedoch nicht als Gegensatz der Zweiheit verstanden, sondern in viel größeren Zusammenhängen gesehen, nämlich dass alles Leben einer einzigen Quelle entspringt und demnach zusammenhängt.

Solche Ansätze finden sich auch in den Erkenntnislehren der christlichen Gnosis. Bereits im frühchristlichen nicht-kanonischen, apokryphen „Evangelium der Maria" wird Jesus zitiert: „Alle Wesen (griechisch: physis), alle Gestalten (griechisch: plasma), alle Geschöpfe (griechisch: ktisis) bestehen ineinander und miteinander. Sie werden wieder vergehen bis auf die Wurzel. Denn das Stoffliche (die physis der hyle) löst sich nur bis zu den Wurzeln ihres Wesens auf."[96]
Konsequent durchgedacht, ist das ein unglaublicher Ansatz. Alles Leben entspringt einer einzigen Quelle. Alles Leben hängt zusammen. Alles Leben geht zum gemeinsamen Ursprung zurück. Das bedeutet zum Beispiel definitiv, dass es auf Kosten anderen Lebens kein wahres Glück geben kann.

Das Leben in dieser Welt und seine Beziehung zur Herkunft und zum Ziel hat Meister Eckhart (1260-1328) im Mittelalter in klare Worte gefasst: „Leer sein aller Kreaturen ist Gottes voll sein, und voll sein aller Kreatur ist Gottes leer sein."[97] In der englischen Sprache klingt das pointierter: „To be full of things is to be empty of God. To be empty of things is to be full of God."
Wie harmlos das auch daherkommt, so viel Zündstoff liegt darin, wenn es praktiziert und noch mehr: propagiert wird! Denn da haben Materialismus, Gier und Machtbestrebungen keinen Platz bei der Gotteserfahrung, ja, bei der Erfahrung des Größten, das es gibt.

---

96 Evangelium der Maria. Wikipedia-Artikel. De.wikipedia.org/wiki/Evangelium_der_Maria#cite_note-2.
97 Meister Eckharts mystische Schriften, 3. Von der Abgeschiedenheit, Abschnitt 170. Ccel.org/ccel/eckhart/mystische.iv.iii.html.

Daher das Linksliegenlassen durch die Gesellschaft, das Bestreiten und Bekämpfen solcher Ideen und Praktiken.

Die christlich-mystischen Strömungen, deren prominenter Vertreter der Theologe und Philosoph Meister Eckhart eben war, betonen die Einheit und die Verbundenheit von Gott, dem Menschen und der ganzen Schöpfung. Hervorgehoben wird die Vereinigung der Seele mit Gott und die Erkenntnis der göttlichen Gegenwart im Menscheninneren. Die absolute Trennung zwischen dem Schöpfer und dem Geschöpf erscheint letztlich als eine Illusion.

Solche Einstellungen eignen sich nicht dazu, Menschen zu befehligen, zu kanalisieren, zu unterdrücken und auszunützen. Daher sind sie durch die Machtapparate oft verfolgt, denn eine direkte Verbindung des Menschen mit dem Göttlichen kann scheinbar nicht geduldet werden.

In der Mystik sind die innere Einkehr und die zeitweilige Abgeschiedenheit von großer Bedeutung. Ebenso die dritte Person Gottes, der Heilige Geist. Der Heilige Geist offenbart sich in der Tiefe der Seele, wo die Stille ist, und wo Leere und Freiheit von Bildern und Vorstellungen vorherrschen.[98]

Es versteht sich, dass dies keine rein intellektuelle Angelegenheit, sondern im Grunde genommen eine einfache, tiefe Erfahrung darstellt, die verändernd wirkt.

Bereits der frühchristliche Wüstenvater Evagrios Pontikos (345-399) bekräftigte, dass während der Meditation (Kontemplation) der Geist alle Formen hinter sich lässt und in einer einfachen Einheit ruht. Diese wird als ein Zustand von direkter Begegnung mit Gott und Gotteserfahrung erlebt.

Das spirituelle Leben wird dabei als ein Weg des Loslassens und der Einfachheit sowie der Befreiung von dualistischen Sichtweisen empfunden. Die Reinigung des Herzens und des Geistes ist das Mittel, sich der Wahrheit zu nähern. Angestrebt wird das Sein, das Dasein, fern von der geläufigen Unterscheidung zwischen dem Ich und dem Du, dem Materiellen und dem Ideellen, dem Schöpfer und dem Geschöpf. Dieser Zustand der «Apatheia» ist weit mehr als

---

98 Meister Eckhart: Der edle Mensch. Predigt.

das Fernesein von irdischen Genüssen und Leidenschaften, denn durch die Einheit mit dem Urgrund allen Daseins entsteht ein großes Kraftpotential, eine unermessliche Energiequelle, die den Geistversunkenen verändert und zum Ziel transportiert.

Anschaulich auf den Punkt gebracht hat dies – um ihn nochmals zu zitieren – Eckhart, als er zu bedenken gab: «Soll mein Auge die Farbe sehen, so muss es ledig sein aller Farbe. Sehe ich blaue oder weiße Farbe, so ist das Sehen meines Auges, das die Farbe sieht – ist eben das, was da sieht, dasselbe wie das, was da gesehen wird mit dem Auge. Das Auge, in dem ich Gott sehe, ist dasselbe Auge, darin mich Gott sieht; mein Auge und Gottes Auge, das ist *ein* Auge und *ein* Sehen und *ein* Erkennen und *ein* Lieben.»[99]

Eine Andeutung nicht-dualistischer Erfahrung und Verschmelzung kann vielleicht erkannt werden im Schweigen während dem Einziehen von Almosen und Kollekten, integriert in den gemeinsam erlebten Ablauf der Feierhandlungen. Da wird nämlich in der Stille des Geschehens der Bedürftigen gedacht. Da sind der Gebende und der Nehmende sowie der letztendlich Empfangende eine bedenkenswerte spirituelle Einheit, die hinter der materiellen Übermittlung aktiv sein kann. Vielleicht kann das eine Antönung sein.

---

99 Predigt 13, Qui audit me. In: Meister Eckhart, Deutsche Predigten und Traktate. Herausgegeben und übersetzt von Josef Quint. München: Hanser Verlag, 7. Auflage 1995, Seite 216.

Printed by Books on Demand GmbH, Norderstedt / Germany